GESUCHT UND GEFUNDEN

Schulwortschatz
Russisch

Lydia Wächter-Springer
unter Mitarbeit
von Margot Krien

D1665490

Volk und Wissen Verlag GmbH

Gesucht und gefunden – Schulwortschatz Russisch
Verfaßt von Lydia Wächter-Springer unter Mitarbeit von Margot Krien
Muttersprachliche Beratung: Nina Brederlow
Redaktion: Regina Riemann

Autoren und Verlag danken
Frau Friderike Terpitz, Frau Ursula Plewe und Herrn Klaus Lammek
für Hinweise und Anmerkungen bei der Entwicklung des Manuskripts.

ISBN 3-06-500826-2

1. Auflage
© Volk und Wissen Verlag GmbH, Berlin 1996
Printed in Germany
Druck und Binden: Salzlanddruck GmbH & Co. KG Staßfurt
Einband: Gerhard Medoch
Illustrationen: Renate Rusch
Layout: Marion Röhr

Menschliche Gesellschaft

Wirtschaft und Arbeit

Körper, Sinne, Gesundheit

Mensch und persönliche Bindungen

Alltägliches

Allgemeine Aussagen

1 wo?
irgendwo
nirgends
hier
da, dort
da, dort, hier ist, das ist
Da bin ich.
überall

где?
где-нибудь
нигде
тут, здесь
там
вот
Вот и я.
всюду, везде

2 wohin?
irgendwohin
nirgendwohin
Der Großvater kommt nirgends mehr hin.
dorthin
hierher
hin und her

куда?
куда-нибудь
никуда
Дедушка *никуда уже не* выезжает.
туда
сюда
туда и сюда

3 woher?
von dort (aus), daher
von hier (aus)

откуда?
оттуда
отсюда

4 Seite, Richtung
zur Seite gehen, treten
dieselbe Richtung
von beiden Seiten

сторона
отойти →/отходить → в сторону
та же сторона
с обеих сторон

5 rechts, von rechts (**links**, von links)
rechter (linker)
die rechte (die linke) Seite
nach rechts (nach links)
gerade, direkt, geradeaus

справа (слева)
правый (левый)
правая (левая) сторона
направо (налево)
прямо

6 Mitte
genau in der Mitte
inmitten von, unter

середина
в самой середине
среди *кого, чего?*

Unter uns befindet sich ein ausländischer Gast.	Среди́ нас зарубе́жный гость.
zwischen	**ме́жду** *кем, чем?*
zwischen dem Haus und dem Fluß	ме́жду до́мом и реко́й

7 Kreis — **круг**, *Р*. в кругу́
ringsum — **круго́м**
um … herum, ringsherum — **вокру́г** *кого, чего?*
rings um uns her — ~ нас

8 in, auf *(wo?)* — **в, на** *ком, чём? (где?)*
im Stadtzentrum sein — быть → *uv.* в це́нтре го́рода
im Stadion sein — быть → *uv. на стадио́не*
auf der Datsche, im Ferienhaus sein — быть → *uv. на да́че*
in, auf *(wohin?)* — **в, на** *кого, что? (куда?)*
ins Stadtzentrum (ins Stadion) fahren — éхать → *best.* в центр го́рода (*на стадио́н*)

9 innen, im Inneren — **внутри́** *кого, чего?*
im Inneren des Hauses — внутри́ до́ма
innerer, Innen- — **вну́тренний**
Innenseite — вну́тренняя сторона́
draußen — **на дворе́, на у́лице**
äußerer, Außen- — **вне́шний**
äußerer Anblick, Außenseite — вне́шний вид

10 weit, fern, weit weg, weit entfernt — **далеко́**, *Котр.* да́льше
unweit, nah — **недалеко́**
Das ist ganz nah (nicht weit). — Это недалеко́.
Bis zum Bahnhof ist es (nicht) weit. — До вокза́ла (не)далеко́.
weit (nicht weit) von — **далеко́ (недалеко́) от** *кого, чего?*
weit von der Hauptstadt entfernt — далеко́ от столи́цы
nicht weit vom Zentrum — недалеко́ от це́нтра
weit, fern — **далёкий, да́льний**
ein weiter Weg — далёкий путь
ferne Länder — да́льние стра́ны

11 nahe — **бли́зко**, бли́зкий, *Котр.* бли́же
Das ist ganz nah. — Это совсе́м бли́зко.
in nächster Nähe — *на бли́зком расстоя́нии*
Er wohnt jetzt bedeutend näher. — Тепе́рь он живёт значи́тельно бли́же.
nächster, benachbarter, angrenzender — **ближа́йший**

12 bei, an — **у** *кого, чего?*
bei den Eltern wohnen — жить (живу́, живёшь) *uv.* у роди́телей
am Fenster sitzen — сиде́ть (сижу́, сиди́шь) *uv.* у окна́
bei *(Zugehörigkeit)* — **при** *ком, чём?*
Im Klub gibt es ein Kino. — При клу́бе есть кинозáл.

Ortsangaben

13 nebenan, daneben, nebeneinander
Nebenan ist mein Zimmer.
neben
neben dem Freund sitzen

neben, in der Nähe
neben dem Vater (in der Nähe des
Vaters) stehen

ря́дом
Ря́дом моя́ ко́мната.
ря́дом с *кем, чем?*
сиде́ть (сижу́, сиди́шь) *uv.* ря́дом с
дру́гом
о́коло *кого, чего?*
стоя́ть (стою́, стои́шь) *uv.* о́коло отца́

14 gegenüber
Er wohnt gegenüber.
gegenüber von
mir gegenüber

напро́тив
Он живёт напро́тив.
напро́тив *кого, чего?*
напро́тив меня́

15 vor
vor der Tür stehenbleiben

hinter, außerhalb, jenseits *(wo?)*
hinter dem Haus
außerhalb von Moskau
jenseits des Flusses
hinter *(wohin?)*
hinter das Haus gehen
hinten, dahinter
weit hinter sich **lassen**

пе́ред *кем, чем?*
останови́ться (-влю́сь, -о́вишься)/
остана́вливаться пе́ред две́рью
за *кем, чем? (где?)*
за до́мом
за Москво́й
за реко́й
за *кого, что? (куда?)*
зайти́ →/заходи́ть → за дом
позади́
оста́вить (-влю, -вишь)/**оставля́ть**
далеко́ позади́ себя́

16 vorwärts, nach vorn
vorwärtsgehen
entgegen
entgegengehen
zurück, rückwärts
das Buch (wieder an seinen Platz)
zurücklegen
Rück-, zurück, entgegengesetzt
zurückgehen
in die entgegengesetzte Richtung gehen
hin und zurück

вперёд
идти́ → *best.* ~
навстре́чу
идти́ → *best.* ~
наза́д
положи́ть *v.* кни́гу наза́д (обра́тно)

обра́тно, обра́тный
идти́ → *best.* обра́тно
идти́ → *best.* в обра́тную сто́рону
туда́ и обра́тно

17 von
Von Moskau aus fuhren wir mit der
Bahn.
von
Vom Bahnhof aus fuhr ich in die Stadt.
von Kopf bis Fuß
aus
aus dem Geschäft kommen

от *кого, чего?*
От Москвы́ мы е́хали *по желе́зной
доро́ге.*
с *кого, чего?*
С вокза́ла я пое́хал(а) в го́род.
с головы́ до ног
из *чего?*
прийти́ (-иду́, -идёшь)/приходи́ть
→ из магази́на

Zeitangaben **Ortsangaben**

18 bis (nach)
von Moskau bis nach Smolensk
zu, zur, zum
ans Fenster treten
direkt zum Ziel

до *кого, чего?*
от Москвы́ до Смоле́нска
к *кому, чему?*
подойти́ ⟶/подходи́ть ⟶ к окну́
пря́мо к це́ли

19 vorbei, vorüber
vorbeifahren, vorüberfahren
vorbei an
am Ziel vorbei

ми́мо
прое́хать ⟶/проезжа́ть ми́мо
ми́мо *кого, чего?*
ми́мо *це́ли*

20 durch, über, entlang
durch die Straßen schlendern
über den Hof gehen
entlang, längsseits, längs
am Fluß entlang gehen
über, hinüber, durch
die Straße überqueren
durch den Wald gehen
eine Brücke über den Fluß

по *чему?*
гуля́ть *uv.* по у́лицам
идти́ ⟶ *best.* по двору́
вдоль *чего?*
идти́ ⟶ *best.* вдоль реки́
че́рез *что?*
перейти́ ⟶ *v.* че́рез у́лицу
пройти́ ⟶ *v.* че́рез лес
мост че́рез реку́

21 unter, *auch:* in der Nähe, bei *(wo?)*
unter dem Buch liegen
in der Nähe von Moskau
die Schlacht bei Moskau
unter *(wohin?)*
unter das Buch legen
über
über dem Tisch

под *кем, чем? (где?)*
лежа́ть (-жу́, -жи́шь) *uv.* под кни́гой
под Москво́й
би́тва под Москво́й
под *кого, что? (куда?)*
положи́ть *v.* под кни́гу
над *кем, чем?*
над столо́м

22 Zeit
Ich habe (hatte) keine Zeit.
zu dieser (zu jener, zur gleichen) Zeit
für eine lange (für eine beliebige) Zeit
zeitweilig
gleichzeitig
gleichzeitig, bei dieser Gelegenheit
während des Galeriebesuchs

вре́мя, вре́мени, *Pl.* -мена́, -мён *n.*
У меня́ нет (не́ было) *вре́мени.*
в э́то (в то, в то же) вре́мя
на до́лгое (на любо́е) вре́мя
вре́менно, вре́менный
одновре́менно, одновре́менный
заодно́
во вре́мя посеще́ния галере́и

23 wann?
irgendwann
niemals
Er trinkt niemals.
manchmal, gelegentlich
immer
als, wenn
Als wir in Berlin waren, ...
Nachts, wenn alle schlafen, ...

когда́?
когда́-нибу́дь
никогда́
Он никогда́ не пьёт.
иногда́
всегда́
когда́
Когда́ мы бы́ли в Берли́не, ...
Но́чью, когда́ все спят, ...

Zeitangaben

24
bis
29

24 Gegenwart
gegenwärtig, jetzig, *auch:* wirklich
vergangen
Vergangenheit
zukünftig, künftig
Zukunft
in der Vergangenheit (in der Zukunft)
heutzutage

настоя́щее, настоя́щее вре́мя
настоя́щий
про́шлый
про́шлое, про́шлое вре́мя
бу́дущий
бу́дущее, бу́дущее вре́мя
в про́шлом (в бу́дущем)
в настоя́щее вре́мя

25 Zeitalter, Jahrhundert
Mittelalter
in unserem (im 20.) Jahrhundert
jahrhundertelang

век, *Pl.* века́
сре́дние века́ *Pl.*
в на́шем (в двадца́том) ве́ке
века́ми

26 Jahrzehnt, 10. Jahrestag
fünf Jahrzehnte
der 10. Jahrestag der Schule
Jahrhundert, 100. Jahrestag
Jahrtausend, 1000. Jahrestag

десятиле́тие
пять десятиле́тий
десятиле́тие шко́лы
столе́тие
тысячеле́тие

27 Jahr
2 Jahre (5 Jahre)
welches Jahr?
das Jahr 1996

in welchem Jahr?
in diesem (im vorigen, im nächsten) Jahr
im Jahr 1996

ein ganzes Jahr lang (fünf Jahre lang)

год
2 го́да (5 *лет*)
како́й год?
ты́сяча девятьсо́т девяно́сто *шесто́й*
год (1996 г.)
в како́м году́?
в э́том (в про́шлом, в бу́дущем) году́
в ты́сяча девятьсо́т девяно́сто ше-
сто́м году́ (в 1996 г.)
це́лый год (пять *лет*)

28 Jahreszeit

Frühling (im Frühling)
frühlingshaft, Frühlings-
Sommer (im Sommer)
sommerlich, Sommer-
Herbst (im Herbst)
herbstlich, Herbst-
Winter (im Winter)
winterlich, Winter-

вре́мя го́да, *G.* -мени, *Pl.*-мена́,
-мён *n.*
весна́ (весно́й)
весе́нний
ле́то (ле́том)
ле́тний
о́сень *f.* (о́сенью)
осе́нний
зима́ (зимо́й)
зи́мний

29 Monat

in diesem Monat (im Januar)

ме́сяц
**янва́рь – февра́ль – март –
апре́ль – май – ию́нь – ию́ль –
а́вгуст – сентя́брь – октя́брь –
ноя́брь – дека́брь**
в э́том ме́сяце (в январе́)

11   Jahrestag **497**

Zeitangaben

30 Woche
in der nächsten Woche
vor einer Woche

неде́ля
на бу́дущей неде́ле
неде́лю тому́ наза́д

31 Tag
an diesem Tag
jeden Tag

день, дня, *Pl.* дни, дней
в э́тот день
ка́ждый день

32 (all-)jährlich
(all-)monatlich
(all-)wöchentlich
täglich

ежего́дно, ежего́дный
ежеме́сячно,ежеме́сячный
еженеде́льно, еженеде́льный
ежедне́вно, ежедне́вный

33 heute
gestern (vorgestern)
morgen (übermorgen)
heutig, gegenwärtig
gestrig (morgig)

сего́дня
вчера́ (позавчера́)
за́втра (послеза́втра)
сего́дняшний
вчера́шний (за́втрашний)

34 Wochentag (Wochentage)

день неде́ли, *G.* дня (дни неде́ли)
**понеде́льник – вто́рник – среда́ –
четве́рг – пя́тница – суббо́та –
воскресе́нье**

wann? an welchem Tag *(konkret)*?
am Montag (am Dienstag…)
wann? an welchen Tagen *(regelmäßig)*?
montags (dienstags…)

когда́? в како́й день?
в понеде́льник (во вто́рник…)
когда́? по каки́м дням?
по понеде́льникам (по вто́рникам…)

35 Datum
Welches Datum (der wievielte) ist heute?
Der wievielte war gestern (wird am
Mittwoch sein)?
Heute ist der 4. Dezember 1996.

число́, *Pl.* чи́сла, чи́сел
Како́е сего́дня **число́**?
Како́е число́ бы́ло вчера́ (бу́дет в
сре́ду)?
Сего́дня *четвёртое декабря́* ты́сяча
девятьсо́т девяно́сто шесто́го го́да.
(Сего́дня 4/XII 1996 г.)

Wann werdet ihr kommen?
Am 4. Dezember 1996.

Когда́ вы прие́дете?
Четвёртого декабря́ ты́сяча девять-
со́т девяно́сто шесто́го го́да.

Vom 4. Januar **bis zum** 1. Februar.

С четвёртого января́ **до** пе́рвого фев-
раля́.

36 der **Morgen**
Morgen-, morgendlich
Abend
Abend-, abendlich
Nacht
Nacht-, nächtlich
jeden Morgen (jede Nacht)

у́тро
у́тренний
ве́чер, *Pl.* -ра́
вече́рний
ночь *f.*
ночно́й
ка́ждое у́тро (ка́ждую ночь)

morgens (abends)
am Tage, tagsüber **(nachts)**
am Vormittag (am Nachmittag)
Tag und Nacht

ýтром (вéчером)
днём (нóчью)
до обéда (пóсле обéда)
день и ночь

37 Stunde, *auch:* Uhrzeit
mehr als eine Stunde, über eine Stunde
zweieinhalb Stunden

час
свы́ше (бóльше) *чáса*
два *с половúной* часá

38 Minute
in der allerersten Minute
in (nach) 40 Minuten (in drei Stunden)
eine kleine Minute
Warte eine Minute! Eine Minute!
minutenlang (stundenlang)

минýта
в сáмую пéрвую минýту
чéрез 40 минýт (чéрез три часá)
минýтка, *G. Pl.* -ток
Подождú минýтку! Минýтку!
минýтами (часáми)

39 Uhr
Meine Uhr geht richtig (ist stehen-
geblieben).
Vielleicht geht deine Uhr vor (nach).

die Uhr (um zwei Stunden vor-)stellen

часы́ *Pl.*
Мой часы́ идýт прáвильно (стоя́т).

Мóжет быть, твои́ часы́ спешáт
(отстаю́т).
перевестú →/переводи́ть → часы́
(*на два часá* вперёд)

40 Wie spät ist es? Wieviel Uhr ist es?

Скóлько врéмени?
Котóрый час?
час (оди́н час однá минýта)
половúна седьмóго
без десятú семь

1.00 Uhr (1.01 Uhr)
halb sieben
10 (Minuten) vor 7 (Uhr)

41 wann?
zu welcher Zeit? um welche Zeit?
um 9 Uhr morgens (um 9 Uhr abends)
um 3 Uhr nachmittags (um 3 Uhr nachts)
um 1.00 Uhr Ortszeit
um 1.01 Uhr
um halb sieben

когдá?
в какóе врéмя?
в 9 часóв *утрá* (в 9 часóв *вéчера*)
в 3 часá *дня* (в 3 часá *нóчи*)
в час *по мéстному врéмени*
в оди́н час однý минýту
в половúне *седьмóго*

42 früh
früh morgens
spät
spät am Abend (zu später Stunde)

рáно, рáнний, *Kотр.* рáньше
рáно ýтром
пóздно, пóздний, *Kотр.* пóзже
пóздно вéчером (в пóздний час)

43 jetzt, nun
sofort, gleich, augenblicklich, jetzt
Es ist jetzt (Es ist gleich) 3 Uhr.
Ich komme gleich! Ja, sofort!
gleich, sofort, unverzüglich

тепéрь
сейчáс
Тепéрь (Сейчáс) 3 часá.
Сейчáс придý! Сейчáс!
срáзу

44 **plötzlich**, auf einmal | **вдруг**
unerwartet | **неожи́данно**, неожи́данный
eine unerwartete Begegnung | неожи́данная встре́ча

45 **lange** *(zeitlich)* | **до́лго**, до́лгий
ein langes Leben | до́лгая жизнь
wie lange? | как до́лго?
(lang)dauernd, langwierig | **дли́тельный**
ewig | **ве́чный**
einige Zeit (die ganze Zeit über) | не́которое вре́мя (всё вре́мя)
den ganzen Winter über (zwei Monate lang) | всю зи́му (два ме́сяца)
für eine Minute, für einen Moment | **на** мину́ту
solange, bis, bisher (Bis bald!) | **пока́** (Пока́!)
Solange er krank ist, kommt er nicht. | Пока́ он бо́лен, он не придёт.
Bisher wissen wir davon nichts. | Пока́ мы об э́том ничего́ не зна́ем.

46 **weit entfernt**, weit (weg) | **далеко́**, далёкий, *Компр.* да́льше
in ferner Zukunft | в далёком бу́дущем
und so weiter (usw.) | **и так да́лее** (и т. д.)

47 **vergangen**, vorbei | **позади́**
zurück(liegend), vor, *auch:* rückwärts | **наза́д**
vor einem Jahr | год наза́д, год тому́ наза́д
(schon) **vor langer Zeit**, seit langem, lange | (уже́) **давно́**
vor kurzem, neulich | **неда́вно**
dann, damals, zu jener Zeit | **тогда́**
Damals wohnte er in Odessa. | Тогда́ он жил в Оде́ссе.
einst, *auch:* einmal, eines Tages | **одна́жды**

48 **vorn** | **впереди́**
Das Schwierigste liegt noch vor uns. | Са́мое тру́дное ещё впереди́.
danach, dann, später | **пото́м**
zuerst …, und dann … | снача́ла …, а пото́м …
Ich werde dann (danach, später) kommen. | Я пото́м приду́.
nach | **по́сле** *чего?*
nach der Schule | по́сле шко́лы
danach | по́сле э́того, по́сле того́

49 **seit welcher Zeit?** | **с како́го вре́мени?**
bis zu welcher Zeit? | **до како́го вре́мени?**
seitdem (bis jetzt) | **с тех пор (до сих пор)**
von 9 Uhr morgens **bis** 3 Uhr nachmittags | **с** девяти́ утра́ **до** трёх дня
seit dem vorigen Jahr (seit dem Frühling) | **с** про́шлого го́да (с весны́)
bis zur nächsten Woche (bis abends) | **до** сле́дующей неде́ли (до ве́чера)

50 wie oft?
oft, häufig **(selten)**
regelmäßig
zufällig
häufige (seltene, regelmäßige, zufällige)
Begegnungen

как ча́сто?
ча́сто, ча́стый **(ре́дко**, ре́дкий)
регуля́рно, регуля́рный
случа́йно, случа́йный
ча́стые (ре́дкие, регуля́рные,
случа́йные) встре́чи

51 wieviele Male?
Mal, -mal, einmal
einmal täglich, einmal pro Tag
zweimal (fünfmal) wöchentlich
einige Male
beim nächsten Mal
noch einmal
zum ersten Mal
noch einmal, von neuem, wieder
wieder
Er ist wieder zu spät gekommen.

ско́лько раз?
раз
раз (оди́н раз) в день
два ра́за (пять раз) в неде́лю
не́сколько раз
в сле́дующий раз
ещё раз
в пе́рвый раз, впервы́е
сно́ва
опя́ть
Он опя́ть опозда́л.

52 **schnell**, bald
Schnellzug
schnell
langsam
schnelle (langsame) Reaktionen
zweimal schneller als die anderen
so bald (oft, schnell) wie möglich

ско́ро, ско́рый
ско́рый по́езд
бы́стро, бы́стрый
ме́дленно, ме́дленный
бы́стрые (ме́дленные) реа́кции
в два ра́за быстре́е, чем други́е
как мо́жно скоре́е (ча́ще, быстре́е)

53 **pünktlich**, genau
genau, gerade, *auch:* glatt, eben
genau um 8 Uhr
gerade (ausgerechnet) in diesem
Moment
ungefähr um 8 Uhr
ungefähr 5 Minuten
ungefähr eine Stunde
rechtzeitig
schon
erst, *auch:* nur
Er kam schon (erst) am Abend.

то́чно, то́чный
ро́вно, ро́вный
то́чно (ро́вно) в во́семь часо́в
как раз в э́тот моме́нт

приблизи́тельно в во́семь часо́в
приблизи́тельно 5 мину́т, мину́т 5
о́коло ча́са
во́время
уже́
то́лько
Он пришёл уже́ (то́лько) ве́чером.

54 **sich beeilen**, es eilig haben
zum Zug eilen
ohne sich zu beeilen, ohne Eile
rechtzeitig kommen, zurechtkommen
das Flugzeug rechtzeitig erreichen
zu spät kommen, sich verspäten
10 Minuten (eine Stunde) zu spät
kommen

по/спеши́ть
~ на по́езд
не спеша́
успе́ть/успева́ть
~ на самолёт
опозда́ть/опа́здывать
~ на де́сять мину́т (на час)

Grund, Zweck   Art und Weise

55 Art und Weise
auf welche Weise?
solcherart, auf diese Weise
auf ähnliche Art und Weise
auf andere Weise
wie?
so
genauso schnell
sozusagen
so ... wie
Alles war so wie im vorigen Jahr.
anders
In diesem Jahr war alles anders.
als *(beim Vergleich)*
Das ist wichtiger als Geld.

je ..., desto ...
je früher, desto besser

56 warum?
Warum lachst du?
Ich weiß nicht, warum sie gelacht hat.
Deswegen also! Ach, deshalb!
darum, deshalb, deswegen, daher
Er spricht fließend russisch, daher
braucht er keinen Dolmetscher.
weil, da
weil
Sie ist nicht zum Training gekommen,
weil sie beim Arzt war.
Grundlage, Basis
auf der Grundlage von Dokumenten

57 wozu? warum?
Warum hast du angerufen?
um zu ..., damit, daß
Ich habe angerufen, damit du etwas
früher von dieser Sache erfährst.
Ich will, daß du rechtzeitig kommst.
Wir sind gekommen, um die Galerie zu
besichtigen.

58 obwohl
Obwohl er krank war, nahm er an der
Prüfung teil.
dennoch, trotzdem
Er ist sehr fleißig, trotzdem hat er diese
Arbeit nicht geschafft.

óбраз
каки́м óбразом?
таки́м óбразом
подóбным óбразом
други́м óбразом
как?
так
так же бы́стро
так сказа́ть
так ..., как
Всё бы́ло так, как в прóшлом годý.
по-другóму
В э́том годý всё бы́ло по-другóму.
чем
Это важне́е, чем де́ньги.
Это важне́е *де́нег*.
чем ..., тем ...
чем ра́ньше, тем лýчше

почемý?
Почемý ты смеёшься?
Я не зна́ю, почемý она́ смея́лась.
Вот почемý!
поэ́тому
Он свобóдно говори́т по-рýсски,
поэ́тому емý не нýжен перевóдчик.
потомý что
так как
Она́ не приходи́ла на трениро́вку,
потомý что (так как) была́ у врача́.
оснóва
на оснóве докуме́нтов

заче́м?
Заче́м ты позвони́л(а)?
чтóбы
Я позвони́л, чтóбы ты *узна́л* об э́том
де́ле пора́ньше.
Я хочý, чтóбы ты *пришёл* вóвремя.
Мы пришли́, чтóбы осмотре́ть
галере́ю.

хотя́
Хотя́ он был бóлен, он всё-таки
сдава́л экза́мен.
всё-таки
Он óчень стара́тельный, но всё-таки
он не успе́л сде́лать э́ту рабóту.

ungeachtet
Obwohl es regnete, (Ungeachtet des Regens) gingen wir in der Stadt spazieren.
jedoch, allerdings
Das Wetter war wunderbar, allerdings war es sehr heiß.

несмотря́ на *кого, что?*
Несмотря́ на дождь мы гуля́ли по го́роду.
одна́ко
Пого́да была́ чуде́сная, одна́ко бы́ло сли́шком жа́рко.

59 wenn, falls
Wenn Sie möchten, …
Wenn er recht hätte, …

е́сли
Е́сли хоти́те, …
Е́сли *бы* он *был* прав, …

60 anfangen, beginnen (etw.)

eine Arbeit beginnen
mit der Arbeit beginnen
zu arbeiten anfangen
begonnen werden, beginnen, einsetzen

Der Unterricht beginnt um 8.00 Uhr.
Der Krieg begann.
zuerst, anfangs, zunächst, erst
zuerst …, und dann …
anfangs, zuerst, zu Beginn
Anfangs war alles in Ordnung.

нача́ть (-чну́, -чнёшь; на́чал, начала́)**/нача́ть**
~ рабо́ту
~ *с рабо́ты*
~ рабо́тать
нача́ться (-чнётся, -чну́тся; -чался, -чала́сь)**/начина́ться**
Заня́тия начина́ются в 8 часо́в.
Начала́сь война́.
снача́ла
снача́ла …, а пото́м …
внача́ле
Внача́ле всё бы́ло хорошо́.

61 beenden
So beendeten wir diesen Tag.
Beendigung, *auch:* Endung
beenden, vollenden, aufhören
ein schlimmes Ende nehmen
Ich bin bald fertig.
zu Ende gehen, aufhören
glücklich ablaufen
aufhören (etw. zu tun)

Hör(t) lieber mit dem Rauchen auf!
Ende, Schluß
am Ende des Weges
von überall her
bis zum Schluß (gegen Ende)
schließlich, endlich, zum Schluß

око́нчить/ока́нчивать
Так мы око́нчили э́тот день.
оконча́ние
ко́нчить/конча́ть
пло́хо ко́нчить *v.*
Я ско́ро конча́ю.
ко́нчиться/конча́ться
~ уда́чно
переста́ть (-а́ну, -а́нешь)**/переста-ва́ть** (-стаю́, -стаёшь)
Лу́чше переста́нь(те) кури́ть!
коне́ц, -нца́
в конце́ доро́ги
со всех концо́в
до конца́ (к концу́ *чего?*)
наконе́ц

62 fortsetzen
die Reise fortsetzen
Die Reise wird fortgesetzt.
vergehen, vorübergehen
Es verging einige Zeit.
Pause, Unterbrechung

продо́лжить/продолжа́ть
~ путеше́ствие
Путеше́ствие продолжа́ется.
пройти́ →**/проходи́ть** →
Прошло́ не́которое вре́мя.
переры́в

зеitliche, räumliche Folge Bedingung

zeitliche, räumliche, logische Folge

63 Reihenfolge, Ordnung
der Reihe nach
in alphabetischer Reihenfolge
(Es ist) Alles in Ordnung.
umgekehrt, umgedreht, im Gegenteil
alles genau umgekehrt machen
Nummer 1 (Nr. 1)
erster, zweiter, dritter, vierter,
fünfter, sechster, siebenter, achter,
neunter, zehnter, elfter
jeder vierte
nächster, folgender
mittlerer, *auch:* durchschnittlich
letzter
erstens (zweitens, drittens)

поря́док, -дка
по поря́дку
по алфави́тному поря́дку
Всё в поря́дке.
наоборо́т
с/де́лать всё наоборо́т
но́мер 1 (нр. 1)
пе́рвый, второ́й, тре́тий, четвёртый,
пя́тый, шесто́й, седьмо́й, восьмо́й,
девя́тый, деся́тый, оди́ннадцатый
ка́ждый четвёртый
сле́дующий
сре́дний
после́дний
во-пе́рвых (во-вторы́х, в-тре́тьих)

64 folgen
dem Reiseleiter folgen
der Mode folgen
Eine Frage folgte der anderen.
Folgen Sie mir!
Daraus folgt, daß ...
arbeiten, **wie es sich gehört**
folglich, also
Er schreit, also ist er im Unrecht.
das heißt, also, folglich
Was bedeutet das? Was heißt das?
Sie sind also der neue Kollege.
schlußfolgern
Daraus kann man schlußfolgern,
daß ...
das heißt (d. h.)
Wir waren im Ausland, d. h. in Frank-
reich.
also
Die Arbeit ist also beendet.

по/сле́довать (-дую, -дуешь)
~ *за ги́дом*
~ *мо́де*
Оди́н вопро́с сле́довал *за други́м.*
Сле́дуйте *за мной!*
Из э́того сле́дует, что...
рабо́тать *uv.,* **как сле́дует**
сле́довательно
Он кричи́т, сле́довательно, он не прав.
зна́чит
Что э́то зна́чит?
Вы, зна́чит, но́вый колле́га.
с/де́лать вы́вод
Из э́того мо́жно сде́лать вы́вод,
что ...
то́ есть (т. е.)
Мы бы́ли за грани́цей, т. е. во
Фра́нции.
ита́к
Ита́к, рабо́та зако́нчена.

65 Ergebnis
Ergebnis sein (von etw.)
zu Ergebnissen führen

dank, durch, infolge
Dank deiner Hilfe ...
Ziel
Das Ziel der Arbeit ist ...
mit welchem Ziel, zu welchem Zweck?
Er kam mit der Absicht, sich zu ent-
schuldigen.

результа́т
быть → *uv. результа́том чего?*
привести́ → /приводи́ть → к резуль-
та́там
благодаря́ *кому, чему?*
Благодаря́ твое́й по́мощи ...
цель *f.*
Це́лью рабо́ты явля́ется ...
с како́й це́лью?
Он пришёл с це́лью извини́ться.

Beschreibung und Wertung

66 **welcher?** was für ein?
kein, keiner
Ich habe keinen Vorschlag.
irgendeiner
Hast du irgendeinen Plan?
solcher, so ein
ebenso ein, der gleiche
Ich habe die gleiche Tasche wie du.
ein anderer

какóй?
никакóй
У меня *никакóго предложéния нет*.
какóй-нибýдь
Есть у тебя какóй-нибýдь план?
такóй
такóй же
У меня такáя же сýмка, как у тебя́.
другóй

67 **wer?**
niemand, keiner
Niemand war gekommen.
Wir haben über niemanden gesprochen.
ich (du, er, sie *Sg.,* **es, wir, ihr, sie** *Pl.*)
Sie *(Anrede)*
selbst
Sie war selbst gekommen.
welcher, der *(Relativpron.)*
Der Junge, der …
genau derselbe
genau derselbe Arzt
in genau derselben Klinik
Das ist genau dasselbe.
gerade, ausgerechnet, nämlich
gerade er, ausgerechnet er
Genau! Genau so! Genau das!

ктó?
никтó
Никтó *не* пришёл.
Мы *ни о ком не* говори́ли.
я (ты, он, онá, онó, мы, вы, они́)
вы, Вы
сам, самá, самó, сáми
Онá самá пришлá.
котóрый
Мáльчик, котóрый …
э́тот сáмый, тот сáмый
тот же сáмый врач
в той сáмой кли́нике
Э́то то же сáмое.
и́менно
и́менно он
И́менно так! Тóчно так!

68 **was?**
nichts
Sie hat nichts gesehen.
etwas, irgendetwas
Kauf doch irgendetwas!
etwas *(bestimmt)*
Wir erfuhren etwas Interessantes: …

чтó?
ничтó
Онá *ничегó не* ви́дела.
чтó-нибýдь
Купи́ же чтó-нибýдь!
чтó-то
Мы узнáли чтó-то интерéсное: …

Identität und Unterschied

69 gleich
gleiche (gleich starke) Kräfte
Mir ist das alles gleich (egal).
gleichartig, gleich
Jeans in der gleichen Qualität
ähnlich
Wir sind unseren Eltern ähnlich.
Das sieht dir (gar nicht) ähnlich.
gut geeignet, passend, *auch:* bequem
im passenden Moment

ра́вный
ра́вные си́лы
Мне э́то всё равно́.
одина́ковый
джи́нсы одина́кового ка́чества
похо́жий
Мы похо́жи *на свои́х роди́телей.*
Э́то *на тебя́* (не) похо́же.
удо́бный
в удо́бный моме́нт

70 verschieden, unterschiedlich
die unterschiedlichsten Leute
Kontrast, Gegensatz
soziale Gegensätze

ра́зный
са́мые ра́зные лю́ди
контра́ст
социа́льные контра́сты

71 speziell, Spezial-
besonderer (besonders)
nichts Besonderes
einzig, einzigartig
Er hat nur einen einzigen Bruder.
eine einzigartige Rockgruppe

специа́льный
осо́бенный (осо́бенно)
ничего́ *осо́бенного*
еди́нственный
У него́ еди́нственный брат.
еди́нственная в своём ро́де рок-гру́ппа

72 originell
sich originell kleiden

Original
einzigartig *(nur 1 Exemplar)*
selten
eine seltene Erscheinung
Seltenheit, Rarität
extravagant
extravagante Kleidung
seltsam
ein seltsames Aussehen
Das kommt mir seltsam vor.

оригина́льный
оде́ться (-е́нусь, -е́нешься)/ одева́ться
оригина́льно
оригина́л
уника́льный
ре́дкий
ре́дкое явле́ние
ре́дкость *f.*
экстравага́нтный
экстравага́нтная оде́жда
стра́нный
~ вид
Э́то мне стра́нно.

73 allgemein, gemeinsam, Gesamt-
allgemeines Interesse
allgemeines Gerede
eine gemeinsame Sprache finden
Gemeinsamkeit (der Interessen)
im allgemeinen
gemeinsam, gemeinschaftlich
gemeinsame Zukunftspläne
zusammen mit
ohne
zusammen mit euch (ohne euch)

о́бщий
~ интере́с
о́бщие слова́ *Pl.*
найти́ →/находи́ть → о́бщий язы́к
о́бщность *f.* (интере́сов)
в о́бщем, вообще́
совме́стный
совме́стные пла́ны на бу́дущее
вме́сте с *кем, чем?*
без *кого́, чего́?*
вме́сте с ва́ми (без вас)

Gesamtheit und Teile

74 alles (alle) | всё (все)
der, die, das **ganze** (die ganzen) | **весь, вся, всё** (все)
ganz und gar, sehr, völlig (verständlich) | **совсе́м** (поня́тно)
ein ganzer | **це́лый**
einen ganzen Tag lang | ~ день
vollkommen, völlig, ganz (richtig) | **соверше́нно** (пра́вильно)
völlig, vollkommen | **вполне́**
völlig zufrieden sein | быть → uv. вполне́ *дово́льным*

75 jeder | **ка́ждый**
jeder beliebige, beliebig | **любо́й**
dieser, diese, dieses, diese | **э́тот,** э́та, э́то, э́ти
jener, jene, jenes, jene | **тот,** та, то, те
dieser oder jener | тот и́ли ино́й
übrig, restlich | **остально́й**

76 zum Beispiel | **наприме́р**
einschließlich, darunter | **в том числе́**
Wir waren drei Personen, darunter auch mein Bruder. | *Нас бы́ло тро́е,* в том числе́ и мой брат.
einer von euch (einer von uns) | оди́н из вас (оди́н из нас)
vor allem | **пре́жде всего́**
besonders | **осо́бенно**
sogar | **да́же**

77 einzeln | **отде́льный**
einzelne Anmerkungen | отде́льные замеча́ния
nur, bloß, *auch:* erst | **то́лько**
nur 10 Minuten | то́лько 10 мину́т
wenigstens, auch nur | **хоть**
Komm wenigstens du (allein). | Приходи́ хоть оди́н.

78 und, auch, ebenfalls | **и**
sowohl ... als auch ... | **и ... и ...**
sowohl heute als auch morgen | и сего́дня и за́втра
nicht nur ..., sondern auch ... | **не то́лько ..., но и ...**
nicht nur du, sondern auch ich | не то́лько ты, но и я
auch | **то́же**
außerdem | **кро́ме того́**
noch | **ещё**

79 oder | **и́ли**
entweder ... oder ... | **и́ли ..., и́ли ...**
entweder du oder ich | и́ли ты, и́ли я
aber | **но**
Ich komme bestimmt, aber nicht morgen. | Обяза́тельно приду́, но не за́втра.
und, aber | **а**
Ich bin aus Dortmund. Und du? | Я из До́ртмунда. А ты?

80 Zusammenhang, Verbindung — **связь** *f.*
Telefonverbindung — телефо́нная ~
internationale Verbindungen — междунаро́дные свя́зи
in Verbindung mit — **в связи́ с** *кем, чем?*
in Verbindung mit diesem Vorfall — ~ э́тим слу́чаем
verbinden, verknüpfen — **связа́ть** (-яжу́, -я́жешь)/**свя́зывать** *кого, что? с кем, с чем?*

Der Plan ist mit einem Risiko verbunden. — План свя́зан с ри́ском.
Sie sind eng miteinander verbunden. — Они́ те́сно свя́заны.
betreffen, sich beziehen (auf jmdn., etw.), gehören (zu etw.) — **относи́ться** (-шу́сь, -о́сишься) *uv. к кому, к чему?*
Das gehört nicht zum Thema. — Это не отно́сится к те́ме.

81 kompliziert, schwierig — **сло́жный**
ein komplizierter Zusammenhang — сло́жная связь
schwierig, schwer, mühsam — **тру́дный**
ein schwieriger Junge (schwere Zeiten) — ~ ма́льчик (тру́дные времена́)
Schwierigkeit — **тру́дность** *f.*
Als große Schwierigkeit erwies sich die Tatsache, daß … — *Большо́й тру́дностью* оказа́лся тот факт, что …
einfach, schlicht — **просто́й**
ein einfacher Mensch — ~ челове́к
leicht (nicht leicht, schwer) — **лёгкий (нелёгкий)**
eine leichte Tasche — лёгкая су́мка
kein leichtes Leben — нелёгкая жизнь
Ihm fällt alles leicht (schwer). — Ему́ всё даётся легко́ (нелегко́).
Das ist leicht gesagt. — Легко́ сказа́ть.

82 alt — **ста́рый**, *Компр.* ста́рше
ein alter Freund — ~ друг
ein alter *(nicht mehr gültiger)* Paß — ~ па́спорт
Brandenburg ist älter als Berlin. — Бранденбу́рг ста́рше *Берли́на*.
älterer, ältester — **ста́рший**

83 alt, altertümlich, historisch alt — **стари́нный**
eine alte Weltkarte — стари́нная ка́рта ми́ра
alt, altertümlich — **дре́вний**
die alte Geschichte — дре́вняя исто́рия
historisch, geschichtlich, Geschichts- — **истори́ческий**
ein historisches Gebäude — истори́ческое зда́ние

84 neu — **но́вый**
neue Ideen — но́вые иде́и
Neuheit, Neuigkeit — **но́вость** *f.*
eine Neuheit auf dem Markt — ~ на ры́нке
viele Neuigkeiten — мно́го новосте́й
aktuell — **актуа́льный**
ein aktuelles Thema — актуа́льная те́ма

Abhängigkeit **153** · Lebensalter **224** f., **236**

85 **Menge,** Quantität, *auch:* Anzahl
wieviel? wieviele?
Wieviel Geld hast du (bei dir)?
Wieviele Leute sind gekommen?
viel, viele
viel Geld (viele Leute)
Es gibt keine Fragen mehr.
wenig, wenige
wenig Geld (wenige Leute)
nicht weniger als 3 Tage
mehr oder weniger
allzu viel
fast alles
ein wenig, ein (kleines) **bißchen**
ein wenig (ein bißchen) Salz
voll (leer)
ein volles (ein leeres) Glas
Hälfte (Drittel, Viertel)
Prozent (50 %)

коли́чество
ско́лько?
Ско́лько у тебя́ *де́нег?*
Ско́лько *люде́й пришло́?*
мно́го, *Ктр.* бо́льше, *auch:* бо́лее
мно́го *де́нег* (мно́го *люде́й*)
Вопро́сов бо́льше нет.
ма́ло, *Ктр.* ме́ньше, *auch:* ме́нее
ма́ло *де́нег* (ма́ло *люде́й*)
не ме́ньше *трёх дней*
бо́лее или ме́нее
сли́шком мно́го
почти́ всё
немно́го, немно́жко
~ *со́ли*
по́лный (пусто́й)
~ стака́н
полови́на (треть *f.,* **че́тверть** *f.*)
проце́нт (50 проце́нтов)

86 **Anzahl,** Zahl, *auch:* Datum
viele
viele von uns
Mehrheit
einige
Einige Leute meinen, …
einige, ein paar
Dort waren schon einige Leute.

число́, *Pl.* чи́сла, чи́сел
мно́гие
~ из нас
большинство́
не́которые
Не́которые лю́ди счита́ют, …
не́сколько
Там уже́ бы́ло не́сколько *люде́й.*

87 **Wuchs,** Größe, Wachstum
eine mittelgroße Frau
Industriewachstum
Größe
Schuhgröße

рост
же́нщина сре́днего ро́ста
рост промы́шленности
разме́р
~ о́буви

88 **groß**
Seine Tochter ist schon groß.
sehr
sehr groß
etwas größer, etwas mehr
sehr viel größer, sehr viel mehr
Diese Stadt ist größer (etwas größer,
viel größer) als meine Heimatstadt.
riesig, gewaltig
riesige Wälder
ein gewaltiger Eindruck
groß, stark
ein großes Unternehmen

большо́й, *Ктр.* бо́льше
Его́ дочь уже́ больша́я.
о́чень
~ большо́й
побо́льше
гора́здо бо́льше
Э́тот го́род бо́льше (побо́льше,
гора́здо бо́льше) *моего́ родно́го.*
огро́мный
огро́мные леса́
огро́мное впечатле́ние
кру́пный
кру́пное предприя́тие

Helligkeit   Größe und Ausdehnung

89 klein
ein kleines Kind
Der Sohn ist kleiner als die Tochter.
klein, gering, geringfügig
Ich habe eine kleine Bitte.

ма́ленький, *Ктр.* ме́ньше
ма́ленький ребёнок
Сын ме́ньше *до́чери*.
небольшо́й
У меня́ небольша́я про́сьба.

90 Höhe
in großer Höhe
hoch, groß, *auch:* hochgewachsen
hohe Berge
ein großer älterer Mann
tief
ein tiefer See
tiefe Gefühle
seicht, flach, *auch:* klein
niedrig
ein niedriges Regal
siehe unten (s. u.)

высота́
на большо́й высоте́
высо́кий, *Ктр.* вы́ше
высо́кие го́ры
высо́кий пожило́й мужчи́на
глубо́кий, *Ктр.* глу́бже
глубо́кое о́зеро
глубо́кие чу́вства
ме́лкий
ни́зкий, *Ктр.* ни́же
ни́зкая по́лка
смотри́ ни́же (см. н.)

91 Länge
die Länge der Eisenbahnlinie
lang
kurz
ein kurzes Gedächtnis
Das ist, kurz gesagt, nicht wahr.
kurz
ein kurzes Resümee
kürzen, abkürzen
einen Text kürzen
Abkürzung, Kürzung

длина́
длина́ железнодоро́жной ли́нии
дли́нный
коро́ткий, *Ктр.* коро́че
коро́ткая па́мять
Коро́че говоря́, э́то непра́вда.
кра́ткий
кра́ткое резюме́
сократи́ть (-ащу́, -ати́шь)/**сокраща́ть**
~ текст
сокраще́ние

92 Breite, Weite
die Breite der Straße
breit, weit
eng, schmal
ein enger Korridor
eine enge Spezialisierung
eng, gedrängt, *auch:* innig
enge Verbindungen

ширина́
~ у́лицы
широ́кий, *Ктр.* ши́ре
у́зкий, *Ктр.* у́же
~ коридо́р
у́зкая специализа́ция
те́сный
те́сные свя́зи

93 hell
ein helles Kleid
etwas heller
hell, grell, leuchtend
leuchtende (Mal-)Farben
klar, hell
klares Wetter
Ist alles klar?

светло́, све́тлый
све́тлое пла́тье
посветле́е
я́рко, я́ркий
я́ркие кра́ски
я́сно, я́сный
я́сная пого́да
Всё я́сно?

Helligkeit und Farbe

Allgemeine Wertung

dunkel	темно́, тёмный	
dunkle Farben	тёмные цвета́	
Es war schon dunkel.	Бы́ло уже́ темно́.	

94 Farbe — цвет, *Pl.* -та́
eine ungewöhnliche Farbe — необы́чный ~
die Farbe des Kleides — цвет пла́тья
Welche Farbe hat …? — *Како́го цве́та ..?*
In welcher Farbe …?
farbig, bunt — **цветно́й**
Farbfilm — ~ фильм
die farbige Bevölkerung — цветно́е населе́ние
farblos, blaß, bleich — **бле́дный**
ein blasses Gesicht — бле́дное лицо́

95 schwarz — чёрный
weiß — бе́лый
schwarz-weiß — чёрно-бе́лый
grau — се́рый

96 rot — кра́сный
rosa, pink, *auch:* Rosen- — **ро́зовый**
rothaarig, fuchsrot — **ры́жий**
orange — ора́нжевый
gelb — жёлтый
grün, *auch:* unreif — **зелёный**
blau, dunkelblau — **си́ний**
blau, hellblau — **голубо́й**
fliederfarben — сире́невый
violett — фиоле́товый
braun — кори́чневый
braun *(als Augenfarbe)* — **ка́рий**
kastanienbraun — кашта́новый
beige(farben) — бе́жевый

97 groß, bedeutend — вели́кий
bedeutend, bedeutsam — **значи́тельный**
wichtig (unwichtig) — **ва́жный (нева́жный)**
eine wichtige Rolle spielen — игра́ть *uv.* ва́жную роль
eine große Bedeutung haben — име́ть *uv.* большо́е значе́ние
hauptsächlich, Haupt- — **гла́вный**
Hauptsache — гла́вное
Die Hauptsache ist, daß … — Гла́вное *в том*, что …

98 positiv — положи́тельный
gut — **хорошо́**, хоро́ший, *Контр.* лу́чше
besserer, bester — **лу́чший**
Prima! Du bist tüchtig! — **Молоде́ц!**

Allgemeine Wertung

Ja, das ist gut. Prima!	**Вот и хорошо́! Вот э́то здо́рово!**
Super!	**Су́пер!**
wunderbar	**чуде́сно**, чуде́сный
herrlich, ausgezeichnet	**прекра́сно**, прекра́сный
ausgezeichnet, prima	**отли́чно**, отли́чный
Auszeichnung	**отли́чие**
großartig, prächtig	**великоле́пно**, великоле́пный
hervorragend, überragend	**выдаю́щийся**
bemerkenswert, hervorragend	**замеча́тельно**, замеча́тельный
erstaunlich, bewundernswert	**удиви́тельно**, удиви́тельный
Verwunderung, Erstaunen	**удивле́ние**

99 negativ	**отрица́тельно**, отрица́тельный
eine ablehnende Antwort	отрица́тельный отве́т
eine negative Einstellung	отрица́тельное отноше́ние *к кому, к чему?*
unter schlechtem Einfluß stehen	находи́ться → *uv.* под отрица́тельным влия́нием
schlecht	**пло́хо**, плохо́й, *Компр.* ху́же
Um so schlimmer!	Тем ху́же!
schlechterer, schlechtester	**ху́дший**
nicht gut	**нехорошо́**, нехоро́ший
Das ist nicht schön (nicht gut).	Э́то нехорошо́.
schwach	**сла́бый**
schwacher *(nner)* Tee	~ чай
schwache Ergebnisse	сла́бые результа́ты
schrecklich, furchtbar, unheimlich	**стра́шно**, стра́шный

100 mittelmäßig, durchschnittlich	**сре́дний**
ein mittelmäßiger Student	~ студе́нт
Durchschnittsalter	~ во́зраст
ein Durchschnittsmensch	~ челове́к
ein mittelgroßer Mensch	челове́к сре́днего ро́ста
im Durchschnitt, durchschnittlich	**в сре́днем**
ganz gut, befriedigend	**неплохо́й**
befriedigend	**удовлетвори́тельный**
zufriedenstellen, erfüllen	**удовлетвори́ть/удовлетворя́ть** *кого, что?*
eine Bitte erfüllen	~ про́сьбу

101 gewöhnlich, durchschnittlich	**обыкнове́нный**
ungewöhnlich	**необыкнове́нный**
ein ganz gewöhnlicher Tag	обыкнове́нный день
gewöhnlich, üblich **(ungewöhnlich)**	**обы́чно**, обы́чный **(необы́чный)**
auf dem üblichen Platz	на обы́чном ме́сте
etwas Ungewöhnliches in seinem Leben	необы́чное в его́ жи́зни
normal	**норма́льно**, норма́льный
unnormal	**ненорма́льно**, ненорма́льный

---

berühmt **362** · begabt **363** · Zensuren **418** · Regel/Ausnahme **427**

Geographie, Natur und Umwelt

102 **Welt**, Erde, *auch:* Frieden
in der ganzen Welt
Erde, Boden

мир
во всём ми́ре
земля́, *Pl.* зе́мли, земе́ль

103 **Himmelsrichtungen**
Norden
nördlich, Nord-
Süden
südlich, Süd-
Osten
östlich, Ost-
Westen
westlich, West-
westlich (von etw.)
sich im Norden (Süden, Osten, Westen)
befinden
in den Norden (Süden, Osten, Westen)
fahren
aus dem Norden (Süden, Osten, Westen) **kommen**
auch: von Norden …

ча́сти све́та *Pl.*
се́вер
се́верный
юг
ю́жный
восто́к
восто́чный
за́пад
за́падный
в за́падном направле́нии *от чего?*
находи́ться → *uv.* на се́вере (ю́ге, восто́ке, за́паде)
е́хать → *best.* на се́вер (юг, восто́к, за́пад)
прие́хать →/**приезжа́ть** с се́вера (ю́га, восто́ка, за́пада)

104 **Pol**
Nordpol (Südpol)
am Nordpol
Kältepol
Polarkreis
jenseits des Polarkreises
Horizont
am Horizont (hinter dem Horizont)

по́люс
се́верный ~ (ю́жный ~)
на се́верном по́люсе
по́люс хо́лода
поля́рный круг
за поля́рным кру́гом
горизо́нт
на горизо́нте (за горизо́нтом)

105 **Kontinent**
Europa
Osteuropa (Mitteleuropa)
europäisch

контине́нт
Евро́па
Восто́чная ~ (Центра́льная ~)
европе́йский

Landkarte **412**

106

Asien	А́зия
asiatisch	азиа́тский
Amerika	Аме́рика
amerikanisch	америка́нский
Afrika	А́фрика
afrikanisch	африка́нский
Australien	Австра́лия
australisch	австрали́йский
Arktis (Antarktis)	А́рктика (Анта́рктика)
arktisch (antarktisch)	акрти́ческий (антаркти́ческий)

106

Land страна	Hauptstadt столица	Einwohner(in) жи́тель(ница)	Adjektiv прилага́тельное
Belgien		бельги́ец	
Бе́льгия	Брюссе́ль	бельги́йка	бельги́йский
Bulgarien		болга́рин	
Болга́рия	Софи́я	болга́рка	болга́рский
Dänemark		датча́нин	
Да́ния	Копенга́ген	датча́нка	да́тский
Deutschland		не́мец	неме́цкий,
Герма́ния	Берли́н	не́мка	герма́нский
England		англича́нин	
А́нглия	Ло́ндон	англича́нка	англи́йский
Großbritannien			
Великобрита́ния			
Estland		эсто́нец	
Эсто́ния	Та́ллин(н)	эсто́нка	эсто́нский
Finnland		финн	
Финля́ндия	Хе́льсинки	фи́нка	фи́нский
Frankreich		францу́з	
Фра́нция	Пари́ж	францу́женка	францу́зский
Griechenland		грек	
Гре́ция	Афи́ны	греча́нка	гре́ческий
Irland		ирла́ндец	
Ирла́ндия	Ду́блин	ирла́ндка	ирла́ндский
Italien		италья́нец	
Ита́лия	Рим	италья́нка	италья́нский
Lettland		латы́ш	
Ла́твия	Ри́га	латы́шка	латви́йский
Litauen		лито́вец	
Литва́	Ви́льнюс	лито́вка	лито́вский
Holland/Niederlande		голла́ндец	
Голла́ндия/Нидерла́нды	Амстерда́м	голла́ндка	голла́ндский
Norwegen		норве́жец	
Норве́гия	О́сло	норве́жка	норве́жский
Österreich		австри́ец	
А́встрия	Ве́на	австри́йка	австри́йский

Land страна	Hauptstadt столица	Einwohner(in) житель(ница)	Adjektiv прилага́тельное
Polen		поля́к	
По́льша	Варша́ва	по́лька	по́льский
Portugal		португа́лец	
Португа́лия	Лиссабо́н	португа́лка	португа́льский
Rumänien		румы́н	
Румы́ния	Бухаре́ст	румы́нка	румы́нский
Rußland		ру́сский	
Росси́я	Москва́	ру́сская	ру́сский, росси́йский
Schweden		швед	
Шве́ция	Стокго́льм	шве́дка	шве́дский
Schweiz		швейца́рец	
Швейца́рия	Берн	швейца́рка	швейца́рский
Slowakei		слова́к	
Слова́кия	Братисла́ва	слова́чка	слова́цкий
Spanien		испа́нец	
Испа́ния	Мадри́д	испа́нка	испа́нский
Tschechien		чех	
Че́хия	Пра́га	че́шка	че́шский
Türkei		ту́рок	
Ту́рция	Анкара́	турча́нка	туре́цкий
Ukraine		украи́нец	
Украи́на	Ки́ев	украи́нка	украи́нский
Ungarn		венгр	
Ве́нгрия	Будапе́шт	венге́рка	венге́рский
USA		америка́нец	
США	Вашингто́н	америка́нка	америка́нский
Weißrußland		белору́с	
Белору́ссия	Минск	белору́ска	белору́сский

107 Land/Gebiet страна́/край	Nationalität/Einwohner(in) национа́льность/ жи́тель(ница)	Adjektiv прилага́тельное
Jugoslawien	югосла́в	
Югосла́вия	югосла́вка	югосла́вский
Bosnien-Herzegowina	босни́ец	
Бо́сния-Герцего́вина	босни́йка	босни́йский
Kroatien	хорва́т	
Хорва́тия	хорва́тка	хорва́тский
Mazedonien	македо́нец	
Македо́ния	македо́нка	македо́нский
Serbien	серб	
Се́рбия	се́рбка	се́рбский
Slowenien	слове́нец	
Слове́ния	слове́нка	слове́нский

Territorium Deutschland, Bundesländer

108 Deutschland
Bundesrepublik Deutschland (BRD)

Bundesland
gehören (zu etw.)
Zur Bundesrepublik Deutschland
gehören 16 Bundesländer.

Hauptstadt
Die Hauptstadt Deutschlands ist Berlin.
Landeshauptstadt, Verwaltungs-
zentrum

Герма́ния
Федерати́вная респу́блика
Герма́нии (ФРГ)
Федера́льная земля́
войти́ → /**входи́ть** → *во что?*
В соста́в Федерати́вной респу́блики
Герма́нии вхо́дит 16 федера́льных
земе́ль.
столи́ца
Столи́ца Герма́нии – Берли́н.
администрати́вный центр

109 Bundesland
Федера́льная земля *(где?)*
Бава́рия (в Бава́рии)
Берли́н (в Берли́не)
Бранденбу́рг (в Бранденбу́рге)
Бре́мен (в Бре́мене)
Га́мбург (в Га́мбурге)
Ге́ссен (в Ге́ссене)
Ни́жняя Саксо́ния (в Ни́жней
Саксо́нии)
Са́арская о́бласть (в Са́арской
о́бласти)
Саксо́ния (в Саксо́нии)
Тюри́нгия (в Тюри́нгии)
Баден-Вюртембе́рг (*в земле́* Баден-
Вюртембе́рг)
Мекленбу́рг-Предпомера́ния
(*в земле́* Мекленбу́рг-Предпомера́ния)
Ре́йнланд-Пфальц (*в земле́* Ре́йн-
ланд-Пфальц)
Саксо́ния-Анга́льт (*в земле́*
Саксо́ния-Анга́льт)
Се́верный Рейн-Вестфа́лия (*в земле́*
Се́верный Рейн-Вестфа́лия)
Шле́звиг-Гольште́йн (*в земле́* Шле́з-
виг-Гольште́йн)

Landeshauptstadt
администрати́вный центр
Мю́нхен

Потсда́м

Висба́ден
Ганно́вер

Саарбрю́кен

Дре́зден
Эрфурт
Шту́тгарт

Шве́рин

Майнц

Магдебу́рг

Дюссельдо́рф

Киль

110 Territorium
Territorium der ehemaligen Sowjetunion
Fläche, Platz
Hektar
eine Fläche von 3 ha
Quadratkilometer (km²)
ein Territorium (eine Fläche) von 75 km²
einnehmen

террито́рия
~ бы́вшего Сове́тского Сою́за
пло́щадь *f.*
гекта́р
пло́щадь *в три гекта́ра*
квадра́тный киломе́тр (км²)
занима́ть *uv.* террито́рию (пло́щадь) *в*
75 квадра́тных киломе́тров

Städte, Ortschaften **547** f. · Größe **88** f.

111 Grenze
die Grenze zwischen Polen und Deutschland
Die Grenze verläuft am Fluß entlang.
grenzen, angrenzen
Rußland grenzt im Westen an die Ukraine.

грани́ца
~ ме́жду По́льшей и Герма́нией
Грани́ца прохо́дит *по реке́.*
грани́чить *uv. с чем?*
Росси́я на за́паде грани́чит *с Украи́ной.*

112 Entfernung
Kilometer
ungefähr 200 km

расстоя́ние *от чего? до чего?*
киломе́тр (км)
приблизи́тельно 200 киломе́тров

113 Region, Gebiet
die wichtigsten Regionen in Rußland
europäischer (asiatischer) **Teil**
Sibirien
West- (Ost-) **Sibirien**
sibirisch
Sibirier
Ferner Osten

регио́н
са́мые ва́жные регио́ны Росси́и
европе́йская (азиа́тская) **часть**
Сиби́рь *f.*
За́падная (Восто́чная) **Сиби́рь**
сиби́рский
сибиря́к, *Pl.* -ки́
Да́льний Восто́к

114 Gegend, Gebiet, Land
Gebiet, Bezirk
Moskauer Gebiet
Bezirk, Kreis, *auch:* Stadtviertel

край
о́бласть *f.*
Моско́вская ~
райо́н

115 sich befinden, liegen
Die Grenze befindet sich ganz in der Nähe.
befindet sich, liegt, ist gelegen
Die Stadt liegt am Ufer eines Sees.

находи́ться → *uv.*
Грани́ца нахо́дится совсе́м недалеко́.
располо́жен, -ена, -ено, -ены
Го́род располо́жен на берегу́ о́зера.

116 Natur
Naturgesetz
natürlich, Natur-
natürliche Ressourcen
Reichtümer der Natur

приро́да
зако́н приро́ды
приро́дный, есте́ственный
приро́дные (есте́ственные) ресу́рсы
приро́дные бога́тства

117 Zone
natürliche Zone
Taiga (bewaldete Zone)
Tundra
Wüste
Steppe
Zeitzone

зо́на
приро́дная ~
тайга́ (зо́на лесо́в)
ту́ндра
пусты́ня
степь *f.*
часово́й по́яс

118 Wasser
Gewässer
Ozean

вода́
во́ды, вод *Pl.*
океа́н

Klima Landschaft

Atlantischer Ozean	Атланти́ческий океа́н
Stiller Ozean (Indischer Ozean)	Ти́хий океа́н (Инди́йский океа́н)
Meer, die See	мо́ре
Binnenmeer	вну́треннее ~
am Meer (auf offener See)	у мо́ря (в откры́том мо́ре)
Ostsee	Балти́йское мо́ре
Nordsee	Се́верное мо́ре
Mittelmeer	Средизе́мное мо́ре
Schwarzes Meer	Чёрное мо́ре
Kaspisches Meer	Каспи́йское мо́ре
Aralsee	Ара́льское мо́ре
Meeresspiegel	у́ровень мо́ря, G. -вня
über (unter) dem Meeresspiegel	над у́ровнем (ни́же у́ровня) мо́ря
der See	о́зеро, Pl. озёра, озёр
Baikalsee (Ladogasee)	о́зеро Байка́л (Ла́дожское о́зеро)
Müritzsee (Bodensee)	о́зеро Мю́риц (Бо́денское о́зеро)
Fluß	река́
Bremen liegt an der Weser.	Бре́мен располо́жен на реке́ Ве́зер.
Kanal	кана́л

119 Ufer, Küste (am Ufer) — бе́рег (на берегу́)
Insel (Halbinsel) — о́стров (полуо́стров)

120 Gebirge — го́ры, гор Pl.
im Gebirge — в гора́х
Berg (Felsen) — гора́ (ска́ла)

121 Klima — кли́мат
trockenes Klima (gemäßigtes Klima) — сухо́й ~ (уме́ренный ~)
Kontinentalklima (Seeklima) — континента́льный ~ (морско́й ~)

122 Wetter — пого́да
Wetterbericht — сво́дка пого́ды
Wettervorhersage, Wetterprognose — прогно́з пого́ды
Es ist schönes (schlechtes) Wetter. — Стои́т хоро́шая (плоха́я) пого́да.

123 Sonne — со́лнце
Die Sonne scheint (schien). — Со́лнце све́тит (свети́ло).
Luft — во́здух
saubere Luft — чи́стый ~
Wind — ве́тер
Es weht ein starker (leichter) Wind. — Ду́ет си́льный (лёгкий) ве́тер.

124 Temperatur — температу́ра
hohe (niedrige, mittlere) Temperatur — высо́кая (ни́зкая, сре́дняя) ~
Luft-(Wasser-)temperatur — температу́ра во́здуха (воды́)
Frost — моро́з
Es herrschen starke Fröste. — Стоя́т си́льные моро́зы.

Atmosphäre **136**

warm (heiß)	**тёплый (жáркий)**	**125**
kalt (kühl)	**холóдный (прохлáдный)**	bis
Es war warm. (Es wird kalt werden.)	Бы́ло тепло́. (Бу́дет хо́лодно.)	**128**
Dort ist es meist heiß.	Там обы́чно быва́ет жа́рко.	
Grad	**гра́дус**	
5 Grad Wärme (Frost)	5 гра́дусов *тепла́ (моро́за)*	
minus (plus) 22 Grad	ми́нус (плюс) 22 гра́дуса	

Tiere Wetter

125 Niederschläge — оса́дки, -ков
geringfügige Niederschläge — небольши́е ~
Regen — **дождь** *m.*
starker Regen — си́льный ~
Es regnet. (Es regnete.) — **Дождь идёт.** (Шёл дождь.)
Gewitter — **гроза́**
Schnee — **снег**
Schneeregen — ~ с дождём
ewiger Schnee — ве́чные снега́ *Pl.*
Es schneit. (Es schneite.) — **Снег идёт.** (Снег шёл.)

126 Tier — **живо́тное**
Tierart — **вид живо́тных**
Wildtiere — ди́кие живо́тные
Haustiere — дома́шние живо́тные
Hund — **соба́ка**
junger Hund, Welpe — **щено́к,** -нка́
Katze — **ко́шка,** *G. Pl.* -шек
Kaninchen — **кро́лик**
Hamster — **хомя́к**
Meerschweinchen — **морска́я сви́нка,** *G. Pl.* -нок
Schildkröte — **черепа́ха**
Schlange — **змея́**
Eidechse — **я́щерица**

127 Vogel — **пти́ца**
Star — **скворе́ц,** -рца́
Elster — **соро́ка**
Rabe — **во́рон**
Gans — **гусь** *f.*
Ente — **у́тка,** *G. Pl.* у́ток
Ziervogel — **пти́чка,** *G. Pl.* -чек
Papagei — **попуга́й**
Wellensittich — **попуга́йчик**
Kanarienvogel — **канаре́йка,** *G. Pl.* -ре́ек

128 Fisch — **ры́ба**
Fische fangen, angeln — лови́ть (-влю́, -вишь) *uv.* ры́бу
Zierfische — **ры́бки,** -бок
Krebs — **рак**

Pflanzen Tiere

129 Tierpark, Zoo
Wolf
Tiger
Giraffe
Krokodil

зоопа́рк
волк
тигр
жира́ф
крокоди́л

130 Tierheim
Käfig
Vogelkäfig
Aquarium (Terrarium)
pflegen, sich kümmern

приют для бездо́мных живо́тных
кле́тка, *G. Pl.* -ток
~ для птиц
аква́риум (терра́риум)
по/забо́титься (-о́чусь, -о́тишься)
о ком, о чём?

füttern
saubermachen (den Käfig)
(mit der Katze) zum Tierarzt gehen

на/корми́ть (-млю́, -мишь) *кого?*
убира́ть *uv.* (кле́тку)
показа́ть (-ажу́, -а́жешь)/**пока́зывать**
(ко́шку) **ветерина́ру**

131 Tierschutz
Tierschutzverein
Tierversuche
Tierversuche durchführen
Tierversuche verbieten
Jagd
Jagd auf wertvolle Tierarten
(auf seltene Tiere)

защи́та живо́тных
о́бщество защи́ты живо́тных
о́пыты на живо́тных
провести́ →/проводи́ть → ~
запрети́ть (-ещу́, -ети́шь)/ запреща́ть ~
охо́та
~ на це́нные ви́ды живо́тных
(на ре́дких живо́тных)

132 Wald (im Wald)
ein dichter Wald
Laubwald (Nadelwald)
Mischwald
Kiefernwald
Baum
Birke
Eiche
Tannenbaum, Fichte, Tanne

лес, *Pl.* леса́ *(в лесу́)*
густо́й
ли́ственный ~ (хво́йный ~)
сме́шанный ~
сосно́вый ~
де́рево, *Pl.* -ре́вья, -ре́вьев
берёза
дуб
ёлка, *G. Pl.* ёлок

133 Feld
auf dem Feld (auf den Feldern)
Wiese (auf der Wiese)
Blume
blühen
wachsen, groß werden

по́ле
на по́ле (на поля́х)
луг, *Pl.* луга́ *(на лугу́)*
цвето́к, -тка́, *Pl.* цветы́
цвести́ (цветёт, -ту́т; цвёл, цвела́) *uv.*
вы́расти (-ту, -тешь; -рос, -росла)/
расти́ (-ту́, -тёшь; рос, росла́)

134 Garten (im Garten)
Botanischer Garten
Gemüsegarten
Gewächshaus

сад *(в саду́)*
ботани́ческий ~
огоро́д
тепли́ца

anbauen, züchten
pflanzen, setzen
Kohl pflanzen
ernten
Obst ernten

развести́ →/разводи́ть →
посади́ть (-ажу́, -а́дишь)/**сажа́ть**
~ капу́сту
собира́ть *uv.* **урожа́й**
собира́ть *uv.* фру́кты

135 Umwelt

Ökosystem der Erde
ökologisch
zugespitzte ökologische Probleme
eine ökologische Katastrophe

окружа́ющая среда́, окружа́ющий
мир
экосисте́ма плане́ты
экологи́ческий
о́стрые экологи́ческие пробле́мы
экологи́ческая катастро́фа

136 Atmosphäre
Ozonschicht (Ozonloch)
saurer Regen
Verschmutzung
Verschmutzung der Luft (des Grund-
wassers)
Smog
Jahresmitteltemperatur
Die Jahresmitteltemperatur steigt
ständig.

атмосфе́ра
озо́новый слой (озо́новая ды́ра)
кисло́тный дождь
загрязне́ние
~ во́здуха (грунто́вых вод)

смог
среднегодова́я температу́ра
Среднегодова́я температу́ра
постоя́нно поднима́ется.

137 Gefahr
Es entsteht die Gefahr, daß ...
in Gefahr sein
gefährlich (ungefährlich)
Risiko
ein Risiko eingehen
drohen
die Natur bedrohen
eine bedrohliche Situation
bedrohliche Prognosen
Bedrohung (für, durch jmdn., etw.)
(jmdn., etw.) einer Gefahr aussetzen

опа́сность *f.*
Возника́ет опа́сность, что ...
находи́ться → *uv.* в опа́сности
опа́сный (безопа́сный)
риск
пойти́ → *v.* на риск
угрожа́ть *uv.* кому, чему?
~ *приро́де*
угрожа́ющая ситуа́ция
угрожа́ющие прогно́зы
угро́за кому, чему? кем, чем?
по/ста́вить (-влю, -вишь) под угро́зу
кого? что?

stören, zerstören
das ökologische Gleichgewicht stören
Zerstörung
die Zerstörung der Landschaft
die tropischen Regenwälder abholzen

нару́шить/наруша́ть
~ экологи́ческое равнове́сие
разруше́ние
~ ландша́фта
вы́рубить (-блю, -бишь)/выруба́ть
тропи́ческие леса́

Waldsterben
Aussterben von Arten
vom Aussterben bedroht sein
Jagd
Pelztierjagd

ги́бель лесо́в *f.*
вымира́ние ви́дов
быть → *uv.* под угро́зой вымира́ния
охо́та
~ на пушно́го зверя́

138 Havarie, Unglücksfall
ein schweres Unglück
ein Unfall im Atomkraftwerk
Vorkommnis, Zwischenfall, *auch:* Zufall
Unglücksfall, Unfall
geschehen, passieren, sich ereignen
Das Unglück passierte vor einem Jahr.

ава́рия
тяжёлая ~
~ на а́томной электроста́нции (АЭС)
слу́чай
несча́стный слу́чай
случи́ться/случа́ться
Ава́рия случи́лась год тому́ наза́д.

139 Verteidigung, Schutz
Naturschutz
Schutz vor Erkrankungen
Schützer(in)
Umweltschützer(in)
Greenpeace-Aktionen
Umweltschutz
Umweltschutzprojekte

Umweltschutzgesetz
Naturschutz
Naturschutzbund
Naturschutzgebiet
Nationalpark
Schaffung von Nationalparks

защи́та (охра́на)
~ приро́ды
защи́та *от заболева́ний*
защи́тник (защи́тница)
~ окружа́ющей среды́
а́кции «Гри́нпис»
охра́на окружа́ющей среды́
прое́кты *по охра́не* окружа́ющей среды́
зако́н *об охра́не* окружа́ющей среды́
охра́на приро́ды
о́бщество охра́ны приро́ды
запове́дник
национа́льный парк
созда́ние национа́льных па́рков

140 erhalten, bewahren
die Wälder (Biotope) erhalten
sich erhalten
Dort haben sich … erhalten.
retten

die Seen vor der Verschmutzung retten
Rettung der Atmosphäre (Biosphäre)

сохрани́ть/сохраня́ть
~ леса́ (биото́пы)
сохрани́ться/сохраня́ться
Там сохрани́лись …
спасти́ (спасу́, спасёшь; спас, спасла́)/
спаса́ть *кого, что? от кого, от чего?*
~ озёра от загрязне́ния
спасе́ние атмосфе́ры (био́сферы)

141 Forderung
Forderungen an die Industrie
fordern
das Verbot veralteter Atomkraftwerke fordern
fordern, daß Atomreaktoren verboten werden
alternative Energieformen fordern
etw. für den Umweltschutz **tun**

Maßnahme
Maßnahmen zur Gesundung der Atmosphäre
Kontrolle
Kontrolle der Produktion

тре́бование *к кому?*
тре́бования к промы́шленности
по/тре́бовать (-бую, -буешь) *чего?*
~ *запреще́ния* устаре́вших а́томных электроста́нций
~, что́бы *бы́ли* запрещены́ а́томные реа́кторы
~ *альтернати́вной эне́ргии*
с/де́лать что-то для защи́ты окружа́ющей среды́
ме́ра
ме́ры *по оздоровле́нию* атмосфе́ры

контро́ль *f.*
~ *над произво́дством*

Verkehr **523** ff. · Verantwortung **329** · Hilfe **352**
Politik, Gesetzgebung **156** ff. · Meinung **380**

Menschliche Gesellschaft

142 Gesellschaft
pluralistische Gesellschaft
gesellschaftlich
Mensch (Menschen, Leute)
menschlich
die menschliche Gesellschaft

о́бщество
плюралисти́ческое ~
обще́ственный
челове́к (лю́ди, -де́й)
челове́ческий
челове́ческое о́бщество

143 Volk
Volks-
Volkswille
Bevölkerung

наро́д
наро́дный
наро́дная во́ля
населе́ние

144 Nation
Nationalität
(multi)national
international

Nationalismus
Patriot

на́ция
национа́льность *f.*
(много)национа́льный
интернациона́льный, между-
наро́дный
национали́зм
патрио́т

145 Land
Heimat, Heimatland (in der Heimat)
heimatlich, Heimat-
Seine **Muttersprache** ist ukrainisch.
Ausland
ins Ausland (aus dem Ausland)
im Ausland
ausländisch

страна́, *Pl.* стра́ны
ро́дина *(на ро́дине)*
родно́й
Его́ **родно́й язы́к** украи́нский.
заграни́ца
за грани́цу (из-за грани́цы)
за грани́цей, за рубежо́м
иностра́нный, зарубе́жный

146 Bürger(in)

russischer Staatsbürger
Er ist (stammt) aus Polen. (Er ist Pole.)
Ausländer(in)

граждани́н, *Pl.* гра́ждане, -дан
(**гражда́нка**, *G. Pl.* -нок)
ру́сский граждани́н
Он из По́льши. (Он поля́к.)
иностра́нец, -нца
(**иностра́нка**, *G. Pl.* -нок)

Religion und Kirche

Um-, Aussiedler(in)

russische Aussiedler
umziehen, umsiedeln
in ein anderes Land ziehen, auswandern

переселе́нец, -нца (**переселе́нка,**
G. Pl. -нок)
ру́сские переселе́нцы
пересели́ться/переселя́ться
вы́ехать → /выезжа́ть в другу́ю страну́

147 Religion
christliche Religion
jüdische Religion
Islam
Buddhismus
der islamischen Religion angehören

рели́гия
христиа́нская рели́гия
иудаи́зм
исла́м
будди́зм
сле́довать (-дую, -дуешь) *uv. исла́м-
ской рели́гии*

148 Glaube
den Glauben anderer achten
einen anderen Glauben annehmen

ве́ра
уважа́ть *uv.* ве́ру други́х
приня́ть (приму́, при́мешь; -нял, -няла́,
-няли)/принима́ть другу́ю ве́ру

glauben (an Gott)
gläubiger Mensch, Gläubiger
religiös (religionslos) sein
Wunder
an Wunder glauben
Gott
Glaube an Gott
Gott sei Dank! (Mein Gott!)
Gott bewahre! Um Gottes willen!

ве́рить *uv. (в бо́га)*
ве́рующий
быть → *uv.* (не)ве́рующим
чу́до, *Pl.* чудеса́
ве́рить *uv. в чудеса́*
бог
ве́ра *в бо́га*
Сла́ва бо́гу! (Бо́же мой!)
Не дай бог!

149 Christ(in)

Er ist überzeugter Christ.
protestantisch (katholisch)
rechtgläubig, orthodox, Rechtgläubiger
tolerant (intolerant)

христиа́нин, *Pl.* -а́не, -а́н
(**христиа́нка,** *G. Pl.* -нок)
Он убеждённый христиа́нин.
протеста́нтский (католи́ческий)
правосла́вный
толера́нтный (нетолера́нтный)

150 Traditionen
Kirche
in die Kirche gehen *(regelmäßig)*
Telefonseelsorge
kirchlich, Kirchen-
kirchliche Feiertage
kirchliche Organisationen
Kirchenmusik

тради́ции
це́рковь, -кви (в це́ркви)
ходи́ть → *unbest.* в це́рковь
телефо́нная слу́жба церкве́й
церко́вный
церко́вные пра́здники
церко́вные организа́ции
церко́вная му́зыка

151 Staat
ein autonomer Staat
staatlich
Republik

госуда́рство
автоно́мное ~
госуда́рственный
респу́блика

---

kirchliche Feiertage **496** · kirchliche Gebäude **554** · etwas bewahren **140**

Recht und Gesetz

152 Demokratie
demokratisch
demokratische Parteien
Demokratisierung
Transparenz, Öffentlichkeit
Reform

демокра́тия
демократи́ческий
демократи́ческие па́ртии
демократиза́ция
гла́сность *f.*
рефо́рма

153 Freiheit
Gedankenfreiheit
Achtung der persönlichen Freiheit
frei
ein freies Land
unabhängig (abhängig)
eine unabhängige Kommission
abhängen (von jmdm., etw.)

Vieles hängt von den Politikern ab.

свобо́да
~ мы́сли
уваже́ние ли́чной свобо́ды
свобо́дный
свобо́дная страна́
незави́симый (зави́симый)
незави́симая коми́ссия
зави́сеть (-и́шу, -и́сишь) *uv.* от кого, от чего?
Мно́гое зави́сит от поли́тиков.

154 Gerechtigkeit
Ungerechtigkeit
gerecht (ungerecht)
Gleichberechtigung von Frauen und Männern

справедли́вость *f.*
несправедли́вость *f.*
справедли́вый (несправедли́вый)
равнопра́вие же́нщин и мужчи́н

155 Recht
Recht auf freie Meinungsäußerung
Recht auf Arbeit
Recht auf Bildung
Menschenrechte
Grundrechte
die Grundrechte garantieren
seine Rechte **in Anspruch nehmen**

seine Rechte **verteidigen**

пра́во, *Pl.* права́
~ свобо́дного мне́ния
~ на труд
~ на образова́ние
права́ челове́ка
основны́е права́
гаранти́ровать (-рую, -руешь) *uv.* ~
вос/по́льзоваться (-зуюсь, -зуешься) *права́ми*
защити́ть (-ищу́, -ити́шь)/
защища́ть свои́ права́

156 Gesetz
Rentengesetz
Grundgesetz **(Verfassung)**
ein Gesetz **annehmen**

Gesetze **erlassen**
Erlaß, *auch:* Befehl
Präsidentenerlaß
in Kraft treten

Das Gesetz ist noch nicht in Kraft getreten.

зако́н
~ о пе́нсиях
основно́й ~ **(конститу́ция)**
приня́ть (приму́, при́мешь; -нял, -няла́, -няли)/**принима́ть** ~
изда́ть →/**издава́ть** → зако́ны
ука́з
~ президе́нта
вступи́ть (-плю́, -пишь)/**вступа́ть в си́лу**
Зако́н ещё не вступи́л в си́лу.

157 Politik
Weltpolitik (nationale Politik)
Innenpolitik (Außenpolitik)
Wirtschaftspolitik (Sozialpolitik)
politisch
grundlegende politische Richtungen

поли́тика
мирова́я ~ (национа́льная ~)
вну́тренняя ~ (вне́шняя ~)
экономи́ческая ~ (социа́льная ~)
полити́ческий
основны́е полити́ческие направле́ния

158 Politiker(in)
Funktionär(in)
Persönlichkeit des öffentlichen Lebens
Staatsmann
Präsident(in)
Bundestagspräsident(in)
Bundes-
Bundeskanzler
Vertreter(in)
die Vertreter der Bundesländer
Leiter(in), Führer(in)
Vorsitzende(r)
Gewerkschaftsvorsitzende(r)
Bürgermeister(in)
Bürgermeisterei

поли́тик
де́ятель
обще́ственный ~
госуда́рственный ~
президе́нт
~ бу́ндестага
федера́льный
~ ка́нцлер
представи́тель(ница)
представи́тели федера́льных земе́ль
руководи́тель(ница)
председа́тель
~ профсою́за
мэр
мэ́рия

159 Verband, Vereinigung, Bund
politisches Bündnis
Gewerkschaft
Partei
eine rechte Partei (eine linke Partei)
Bürgerbewegung
Mitglied
Mitglied einer demokratischen Partei
Programm
sein Programm **vorstellen**

сою́з
полити́ческий ~
профсою́з
па́ртия
пра́вая ~ (ле́вая ~)
гражда́нское движе́ние
член
~ демократи́ческой па́ртии
програ́мма
предста́вить (-влю, -вишь)/**пред-
ставля́ть** програ́мму

160 Gruppe
eine Gruppe von jungen Leuten
autonome (gesellschaftliche) Gruppen

гру́ппа
~ подро́стков
автоно́мные (обще́ственные) гру́ппы

161 Parlament
Bundestag (Bundesrat)
Bundestagswahlen
wählen, auswählen, aussuchen

Delegierte für das Europaparlament
wählen
Wahlsieg
Mehrheit

парла́мент
бу́ндестаг (бу́ндесрат)
вы́боры в бу́ндестаг
вы́брать (-беру, -берешь)/**выбира́ть**
кого, что?
~ делега́тов *в парла́мент Евро́пы*

побе́да на вы́борах
большинство́

162 Problem
gesellschaftliches Problem
soziales Problem (politisches Problem)
Hauptproblem (aktuelles Problem)
globale Probleme
Probleme **lösen**

проблема
общественная ~
социальная ~ (политическая ~)
главная ~ (актуальная ~)
мировые проблемы
решить/решать проблемы

163 Krieg
kalter Krieg
Weltkrieg (Atomkrieg)
einen Krieg **führen** (gegen jmdn., etw.)

война, *Pl.* войны
холодная ~
мировая ~ (атомная ~)
вести → *best.* войну *против кого,*
против чего?

den Krieg **beenden**
Militär-, militärisch, Kriegs-
Kriegshandlungen
Rüstungsindustrie

о/кончить войну
военный
военные действия
военная промышленность

164 Frieden, *auch:* Welt, Erde
in Frieden leben
Friedensbewegung
Friedenspolitik
Schutz, Verteidigung
Schutz des Friedens
Verteidigung nationaler Interessen
Sicherheit
innere (äußere) Sicherheit
Sicherheitsrat

мир
жить (живу, живёшь) *uv.* в мире
движение *за мир*
политика мира
 защита
~ мира
~ национальных интересов
безопасность *f.*
внутренняя (внешняя) ~
Совет Безопасности

165 Armee
Offizier (Soldat)
Polizist
Militärdienst
Zivildienst

армия
офицер (солдат)
милиционер
военная служба
альтернативная служба (вместо
военной)

Militärdienst leisten

находиться → *uv.* **на военной**
службе

166 Macht, Gewalt
Sowjetmacht
an die Macht kommen

власть *f.*
советская ~
прийти (приду, придёшь)/**прихо-**
дить → **к власти**

an der Macht sein, Macht ausüben
Diktatur
Militärdiktatur (faschistische Diktatur)
Stalinsche Diktatur
Stalinsches Lager
in einer Diktatur leben

быть → *uv.* **у власти**
диктатура
военная ~ (фашистская ~)
сталинская ~
сталинский лагерь
жить (живу, живёшь) *uv. при*
диктатуре

Globale Probleme

 Umweltprobleme **135** ff. · Demokratie, Menschenrechte **152** ff.

Globale Probleme

167 Reichtum	богáтство
reich	богáтый, *Komp.:* богáче
Armut, Elend	бéдность *f.*
wachsende Armut	растýщая ~
unterhalb der Armutsgrenze	за чертóй бéдности
arm	бéдный

168 Lebensniveau, Lebensstandard	жúзненный ýровень, -вня
niedriger Lebensstandard	нúзкий ~
an der Grenze des Existenzminimums leben	жить (живý, живёшь) за чертóй прожúточного мúнимума
Hunger	гóлод
hungern	голодáть *uv.*
hungernde Kinder	голодáющие дéти
Krankheit	болéзнь *f.*
Epidemie, Seuche	эпидéмия
Kindersterblichkeit	дéтская смéртность
die Kindersterblichkeit **eindämmen**	**сократúть** (-ащý, -атúшь)/**сокращáть** дéтскую смéртность

169 Droge, Narkotikum	наркóтик
Drogensucht, Drogenabhängigkeit	наркомáния
Alkoholismus	алкоголúзм
Kampf gegen den Alkoholismus	борьбá *с* алкоголúзмом
Alkoholiker(in)	алкогóлик (алкоголúчка, *G. Pl.* -чек)

170 Gewalt	насúлие
Gewalt von rechts (von links)	~ спрáва (слéва)
Gewalt gegen Ausländer	~ прóтив инострáнцев
Neofaschismus (Rassismus)	**неофашúзм (расúзм)**

171 Verbrechen	преступлéние
schweres Verbrechen, Schwerverbrechen	тяжёлое ~
Sexualverbrechen	сексуáльное ~
ein Verbrechen **begehen**	**совершúть/совершáть** ~
Es geschehen viele Verbrechen.	Совершáется мнóго преступлéний.
töten, vernichten, ermorden	**убúть** (убью, убьёшь)/**убивáть** *кого, что?*
Betrug	обмáн
betrügen, täuschen	**обманýть** (-анý, -áнешь)/**обмáнывать** *кого?*
betrogen, der Betrogene	**обмáнутый**

172 Auftreten	выступлéние
mutiges Auftreten	смéлое ~
auftreten, eintreten	**выступить** (-плю, -пишь)/**выступáть**
für Gerechtigkeit eintreten	~ за справедлúвость
gegen Ungerechtigkeit kämpfen	~ прóтив несправедлúвости

Geld, Besitz **320** ff. · Arbeitslosigkeit **194** ff. · Krankheiten **215** ff.

Wirtschaft und Arbeit

173 Wirtschaft	экономика, хозяйство	**173**
Volkswirtschaft	народное хозяйство	bis
Marktwirtschaft	рыночная экономика, рыночное	**175**
	хозяйство	
soziale Marktwirtschaft	социальное рыночное хозяйство	
Übergang zur Marktwirtschaft	переход к рыночной экономике	

174 Industrie промышленность *f.*
Industrie-, industriell промышленный
Industrienation промышленная нация
Schwerindustrie тяжёлая промышленность
Metallindustrie металлургическая промышлен-
ность
Leichtindustrie лёгкая промышленность
Textilindustrie текстильная промышленность
Chemische Industrie химическая промышленность
Elektroindustrie электропромышленность
Elektronische Industrie электронная промышленность
Maschinenbau машиностроение
Fahrzeugbau транспортное ~
Schiffbau судостроение

175 **Betrieb,** Unternehmen (im Betrieb) предприятие *(на предприятии)*
Firma (in der Firma) фирма *(на фирме)*
Fabrik (in der Fabrik) фабрика *(на фабрике)*
Werk, Betrieb (im Werk) завод *(на заводе)*
Maschinenbaubetrieb машиностроительный ~
Autowerk (Flugzeugwerk) автозавод (авиазавод)
Großbäckerei хлебозавод
Bergwerk, Schacht, Grube (im Bergwerk) шахта *(в шахте)*
Kraftwerk электростанция
(im Kraftwerk) *(на электростанции)*
Atomkraftwerk атомная электростанция
Wasserkraftwerk гидроэлектростанция
Werft (auf der Werft) верфь *f.* *(на верфи)*

Wirtschaft

Handel **183** · Beruf, Tätigkeit **184** ff.

176 Landwirtschaft — се́льское хозя́йство
Landwirtschafts-, landwirtschaftlich — сельскохозя́йственный
landwirtschaftliche Genossenschaft — ~ кооперати́в
Forstwirtschaft — лесно́е хозя́йство
Viehzucht — животново́дство
Ackerbau — полево́дство
Gemüseanbau — овощево́дство
Obstbau — плодово́дство
Weinanbau — виногра́дарство
Bauernhof, Farm (auf dem Bauernhof) — фе́рма (на фе́рме)

177 Werkstatt — мастерска́я
Reparaturwerkstatt (Lehrwerkstatt) — ремо́нтная ~ (уче́бная ~)
Labor, Laboratorium — лаборато́рия
Fotolabor — фотолаборато́рия
Büro — о́фис, бюро́ *indekl.*

178 herstellen, produzieren, erzeugen — произвести́ →/производи́ть →
Landmaschinen herstellen — ~ сельскохозя́йственные маши́ны
Produktion, *auch:* Herstellung — произво́дство
in der Produktion arbeiten — рабо́тать *uv.* *на произво́дстве*
Produkt, Erzeugnis — проду́кт
Lebensmittel — проду́кты, -ов *Pl.*
Ware, Artikel — това́р
Sportartikel *Pl.* — спорти́вные това́ры

179 Baustelle, Bau, *auch:* Bauwesen — стро́ительство
(auf)bauen, erbauen, schaffen — по/стро́ить
errichten — установи́ть (-влю́, -вишь)/устана́в-ливать
die alten Gebäude abreißen, abtragen — снести́ →/сноси́ть → ста́рые зда́ния
Bauarbeiten — стро́ительные рабо́ты
Reparatur, Renovierung — ремо́нт
Reparatur-, Renovierungsarbeiten — ремо́нтные рабо́ты
Reparaturarbeiten ausführen — вести́ → *best.* ~
umbauen — перестро́ить/перестра́ивать
rekonstruieren — реконструи́ровать (-рую, -руешь) *uv.*
einen Betrieb (ein Hotel) rekonstruieren — ~ предприя́тие (гости́ницу)

180 Schaffung, Bildung — созда́ние
schaffen — созда́ть → /создава́ть →
Arbeitsplätze schaffen — ~ рабо́чие места́
planen — за/плани́ровать (-рую, -руешь)
neue Zentren planen — ~ но́вые це́нтры
entwickeln — разви́ть (разовью́, разовьёшь)/развива́ть
eine Industrie entwickeln — ~ промы́шленность
Die Landwirtschaft ist gut entwickelt. — Се́льское хозя́йство хорошо́ ра́звито.

Berufe **188** ff. · Stadtteile, Gebäude **549** ff. · Haus, Wohnung **260** ff.

181 gründen, errichten
eine Genossenschaft gründen
Das Unternehmen wurde schon vor 100 Jahren (von …) gegründet.
Begründer(in), Gründer(in)
Firmengründer(in)
Gründung

основа́ть (-ну́ю, -ну́ешь)/осно́вывать
~ кооперати́в
Предприя́тие бы́ло осно́вано уже́ 100 лет тому́ наза́д … *кем?*
основа́тель(ница)
~ фи́рмы
основа́ние

182 Partner(in)
Konkurrent(in)
Geschäftsberatung
Geschäftsberatungen **durchführen**

партнёр(ша)
конкуре́нт(ка)
делово́е совеща́ние
провести́ → /проводи́ть → деловы́е совеща́ния

Vorteil, Gewinn, Nutzen
nur an seinen eigenen Vorteil denken
vorteilhaft
Es ist vorteilhaft für ihn, …

вы́года
ду́мать *uv.* то́лько о свое́й вы́годе
вы́годный
Ему́ вы́годно …

183 Handel
handeln, Handel treiben (*mit etw., mit jmdm.*)
mit Autos handeln
mit Rußland Handel treiben
Händler
Handelsstraße, Handelsweg
Kaufmann
russische Kaufleute
fahren, bringen, befördern

Waren **auf den Markt bringen**

торго́вля
торгова́ть (-гу́ю, -гу́ешь) *uv. чем? с кем?*
~ *автомаши́нами*
~ с Росси́ей
торго́вец, -вца
торго́вый путь, *G.* пути́
купе́ц, -пца́, **коммерса́нт**
ру́сские купцы́
везти́ (везу́, везёшь; вёз, везла́),
вози́ть (вожу́, во́зишь)
привезти́ (-зу́, -зёшь; -вёз, -везла́)/
привози́ть (-ожу́, -о́зишь) това́ры **на ры́нок**

184 selbständige(r) Unternehmer(in)
Manager(in)
Arbeitgeber(in)
Besitzer(in), Wirt(in), Hausherr(in)

предпринима́тель
ме́неджер
работода́тель
хозя́ин, *Pl.* -я́ева, -я́ев (**хозя́йка**, *G. Pl.* -я́ек)

Vorgesetzter (Vorgesetzte), Chef(in)
Direktor(in)
führen, leiten

eine Fabrik leiten

шеф
дире́ктор
руководи́ть (-ожу́, -оди́шь) *uv. кем, чем?*
~ *фа́брикой*

185 Verwalter(in), Leiter(in)
Steuerberater(in)
Buchhalter(in)
Hauptbuchhalter(in)

администра́тор
консульта́нт по вопро́сам нало́гов
бухга́лтер
гла́вный ~

Nutzen **352** · Kauf, Verkauf **309** ff. · Bezahlung **317** ff.
Unternehmen **175** ff.

Beruf und Tätigkeit

Bankkaufmann (Bankkauffrau)	**экономи́ст ба́нка**
Jurist(in)	**юри́ст**
Mitarbeiter(in)	**сотру́дник (сотру́дница)**
Sekretär(in)	**секрета́рь** *m.* **(секрета́рша)**

186 **Arbeitnehmer(in)** — **рабо́тник (рабо́тница)**
Arbeiter(in) — **рабо́чий (рабо́тница)**
Heimarbeiter(in) — **рабо́тающий (рабо́тающая)** на́ дому
Angestellter (Angestellte) — **слу́жащий (слу́жащая)**
Bankangestellter (Bankangestellte) — ~ ба́нка
Beamter (Beamtin) — **госуда́рственный слу́жащий (госуда́рственная слу́жащая)**
Postbeamter (Postbeamtin) — почто́вый слу́жащий (почто́вая слу́жащая)

Vertreter(in) einer Firma — **представи́тель(ница) фи́рмы**
(einer Bank, einer Versicherung) — (ба́нка, страхово́й компа́нии)

187 **Beruf** — **профе́ссия**
Er ist von Beruf Schlosser. — Он *по профе́ссии* сле́сарь.
Von Beruf war er Schlosser. — *По профе́ссии* он был *сле́сарем.*
Spezialist(in), Fachmann (Fachfrau) — **специали́ст(ка)**
Spezialist(in) auf dem Gebiet der Technik — ~ *по те́хнике*

188 **Physiker(in)** — **фи́зик**
Chemiker(in) — **хи́мик**
Biologe (Biologin) — **био́лог**
Geologe (Geologin) — **гео́лог**
Meteorologe (Meteorologin) — **метеоро́лог**
Astronom(in) — **астроно́м**
Ingenieur(in) — **инжене́р**
Bauingenieur(in) — **инжене́р-строи́тель**
Informatiker(in) — **инжене́р-информа́тик**
Architekt(in) — **архите́ктор**
Projektant(in) — **проектиро́вщик**
Konstrukteur(in), Erbauer(in) — **констру́ктор**
Flugzeugkonstrukteur(in) — авиаконстру́ктор
Techniker(in) — **те́хник**
technischer Zeichner (technische Zeichnerin) — **чертёжник (чертёжница)**

189 **Handwerk** — **ремесло́**, *Pl.* ремёсла, -ёсел
Bauarbeiter, Baumeister — **строи́тель** *m.*
Maurer — **ка́менщик**
Klempner, Installateur — **санте́хник**
Monteur — **монтёр**
Dachdecker — **кровельщик**
Maler — **маля́р**
Tischler — **столя́р**

Kollegen **232** · Berufswahl **242** f. · Weitere Berufe:
Verkehr, Touristik **524** ff. · Gastronomie **291** · Handel **309**

Elektriker	электрик
(Auto)Schlosser	(авто)слесарь *m.*
Mechaniker	механик
Schmied	кузнец
Friseur (Friseuse)	парикмахер (парикмахерша)

190 Bauer, Landwirt (**Bäuerin**, Landwirtin)
крестьянин, *Pl.* -яне, -ян (**крестьянка**, *G. Pl.* -нок)

Agronom(in) — агроном
Viehzüchter(in), Tierhalter(in) — фермер
Traktorist(in) — тракторист(ка)
Gärtner(in) — садовник
Fischer(in) — рыбак (рыбачка, *G. Pl.* -чек)

191 Arbeit, Schaffen, *auch:* Mühe — труд
physische (geistige) Arbeit — физический (умственный) ~
das Recht auf Arbeit — право на труд
von seiner (Hände) Arbeit leben — жить (живу, живёшь) *uv. своим трудом*
mit Mühe, mühsam (ohne Mühe, mühelos) — с трудом (без труда)
Arbeit — **работа**
schwere *(schwierige)* Arbeit — трудная ~
schwere *(harte)* Arbeit — тяжёлая ~
befristete, zeitweilige Arbeit — временная ~
feste Arbeit — постоянная ~
Sie hat keine feste Arbeit. — Она без постоянной работы.
Arbeit haben — **иметь** *uv.* **работу**
arbeiten (als etw.) — **работать** *uv. кем?*
Er hat immer als Schlosser gearbeitet. — Он всегда работал *слесарем.*
Er arbeitet schon 10 Jahre im selben Betrieb. — Он уже 10 лет работает на том же самом предприятии.
Kurzarbeit — **неполный рабочий день**, *G.* дня
in Kurzarbeit sein — работать *uv.* ~
zur Kurzarbeit übergehen — перейти →/переходить → на ~

192 Arbeitsmarkt — рынок труда, *G.* -нка
auf dem Arbeitsmarkt — на рынке труда
Arbeitskraft — **рабочая сила**
Arbeitsplatz *(Anstellung)*, Arbeitsstelle — **рабочее место**
Es gibt hier viele (wenige) freie Arbeitsplätze. — Здесь много (мало) свободных рабочих мест.
Arbeitsplatz *(Arbeitsort)* — **место работы**

193 die Arbeit verlieren — по/терять работу
kündigen, entlassen — уволить/увольнять с работы *кого?*
selbst kündigen — **уволиться/увольняться** (по собственному желанию)

ohne Arbeit sein — быть → *uv.* **без работы**
Er war zwei Monate ohne Arbeit. — Два месяца он был без работы.

190
bis
193

Arbeitsmarkt Beruf und Tätigkeit

47   Weitere Berufe: Medizin **218** · Schule, Wissenschaft **409** ff.
Kunst **443** ff. · Sport **558** ff. · Politik **158** · Militär **165**

Arbeitsmarkt

194 Arbeitslosigkeit	безрабо́тица
arbeitslos	безрабо́тный
arbeitslos sein	быть → *uv.* безрабо́тным (безрабо́тной)
arbeitslos werden	стать (-а́ну, -а́нешь)/станови́ться (-влюсь, -о́вишься) безрабо́тным (безрабо́тной)
Arbeitsloser (die Arbeitslose)	**безрабо́тный (безрабо́тная)**
Die Zahl der Arbeitslosen sinkt (steigt).	Число́ безрабо́тных па́дает (возраста́ет).
Arbeit suchen	**иска́ть** (ищу́, и́щешь) *uv.* **рабо́ту**
Arbeitsamt	**би́ржа труда́**
Umschulung	**переподгото́вка**, G. -вок
Umschulungslehrgang	ку́рсы переподгото́вки Pl.
zur Umschulung schicken	устро́ить/устра́ивать на ~
Chance	**шанс**
die letzte Chance	после́дний ~
viele (wenig) Chancen haben	име́ть *uv.* мно́го (ма́ло) ша́нсов
Hoffnung auf Arbeit **haben**	**име́ть** *uv.* **наде́жду** получи́ть рабо́ту
Arbeitslosenunterstützung	**посо́бие по безрабо́тице**
Arbeitslosenunterstützung beantragen	пода́ть → /подава́ть → заявле́ние на ~
195 **Arbeit finden**	**найти́** → /**находи́ть** → **рабо́ту**
anbieten (eine Arbeit)	**предложи́ть/предлага́ть** (рабо́ту)
Ihm wurden drei Arbeitsstellen angeboten.	Ему́ предложи́ли три рабо́чих ме́ста.
Der Betrieb bietet Stellen für Bau-ingenieure an.	Предприя́тие приглаша́ет на рабо́ту инжене́ров-строи́телей.
einstellen (jmdn.)	**взять** (возьму́, возмёшь)/**брать** (беру́, берёшь) **на рабо́ту** *кого?*
Arbeitsvertrag	**трудово́й догово́р**
befristeter (unbefristeter) Arbeitsvertrag	вре́менный (бессро́чный) ~
einen Arbeitsvertrag bekommen	получи́ть/получа́ть ~
eine andere Arbeit übernehmen	**перейти́** → /**переходи́ть** → на другу́ю рабо́ту
als Putzfrau arbeiten	рабо́тать *uv.* убо́рщицей
sich selbständig machen	**откры́ть** (-ро́ю, -ро́ешь)/**открыва́ть** **своё де́ло**
196 zu Hause **bleiben**	**оста́ться** (-а́нусь, -а́нешься)/**остава́ться** (-таю́сь, -таёшься) до́ма
Hausfrau	**домохозя́йка**, G. Pl. -я́ек
Rente, Pension	**пе́нсия**
Rentner(in)	**пенсионе́р(ка)**
Invalide (Invalidin)	**инвали́д**
Vorruhestand	**предпенсио́нный во́зраст**
in Rente (in den Vorruhestand) **gehen**	**уйти́** → /**уходи́ть** → **на пе́нсию** (на предвари́тельную пе́нсию)
(mit 60 Jahren)	(в 60 лет)

Körper, Sinne, Gesundheit

197 Äußeres, Aussehen
ein angenehmes Äußeres
das Äußere eines Menschen
äußerer
der erste äußere Eindruck
Aussehen, (An-)Blick, Ansicht
ein gesundes (krankes) Aussehen
Gesamtansicht
ein ernstes Aussehen haben
Dem Aussehen nach ist er ca. 20 Jahre
alt.

вне́шность *f.*
прия́тная ~
~ челове́ка
вне́шний
пе́рвое вне́шнее впечатле́ние
вид
здоро́вый (больно́й) ~
о́бщий ~
име́ть *uv.* серьёзный ~
На вид ему́ лет 20.

198 Blick, *auch:* Ansicht, Meinung
ein freundlicher Blick
auf den ersten Blick
aussehen
gut aussehen
krank aussehen
wie ein Erwachsener aussehen
Er sieht bedeutend jünger aus, als er ist.

взгляд
приве́тливый ~
на пе́рвый ~, с пе́рвого взгля́да
вы́глядеть (-яжу, -ядишь) *uv.*
хорошо́ ~
~ больны́м
~ как взро́слый
Он вы́глядит гора́здо моло́же *свои́х
лет.*

199 Ausdruck
ein fröhlicher Gesichtsausdruck
ausdrucksvoll (ausdruckslos)
ausdrücken, zum Ausdruck bringen
sich den Anschein geben, so tun
als ob
Er tat so, als ob er die Frage nicht ver-
standen hätte.
scheinen, sich zeigen
Alles schien möglich zu sein.
Er scheint fröhlich zu sein.
es scheint, anscheinend
Er ist anscheinend nicht von hier.

выраже́ние
весёлое выраже́ние лица́
с выраже́нием (без выраже́ния)
вы́разить (-ажу, -азишь)/ **выража́ть**
с/де́лать вид
как бу́дто
Он сде́лал вид, как бу́дто он не по́нял
вопро́са.
по/каза́ться (-ажу́сь, -жешься)
Всё каза́лось *возмо́жным.*
Он ка́жется *весёлым.*
ка́жется
Он, ка́жется, не отсю́да.

200 Schönheit
schöner Mensch, eine Schönheit
schön, hübsch (**unschön**, häßlich)
wunderschön, herrlich, ausgezeichnet
verschönen, schmücken

malerisch

красота́
краса́вец, -вца́ (краса́вица)
краси́вый (некраси́вый)
прекра́сный
укра́сить (-а́шу, -а́сишь)/ украша́ть
кого́, что?
жи́вописный

201 Figur
Er hat eine sportliche Figur.
schlank
dünn, fein, zart, schlank
mager, hager, dürr
voll, vollschlank, mollig, korpulent

фигу́ра, фигу́рка, *G. Pl.* -рок
У него́ спорти́вная фигу́ра.
стро́йный
то́нкий
худо́й
по́лный

202 Hand, Arm
die rechte Hand, der rechte Arm
Fuß, Bein
ein kranker Fuß, ein krankes Bein
Finger, Zehe
Daumen, große Zehe

рука́
пра́вая ~
нога́
больна́я ~
па́лец, -льца, *Pl.* -льцы
большо́й ~

203 Kopf
Haare
lange glatte (lockige) Haare
Sie hat dichtes, kräftiges Haar.
Ohr
große Ohren

голова́
во́лосы, -лос
дли́нные прямы́е (вью́щиеся) ~
У неё густы́е во́лосы.
у́хо, *Pl.* у́ши, уше́й
больши́е у́ши

204 Gesicht
ein blasses (ein volles) Gesicht
Auge
dunkle (helle, gütige) Augen
in die Augen sehen
die Augen **abwenden**
Augenbrauen
schwarze Augenbrauen
Mund
ein breiter Mund (bis zu den Ohren)
Lippen
schmale (volle) Lippen
Zahn
gesunde Zähne
künstliche Zähne
Zunge, *auch:* Sprache
Nase
eine lange (spitze, gerade) Nase
stupsnasig

лицо́, *Pl.* ли́ца
бле́дное (по́лное) ~
глаз, *Pl.* глаза́, глаз
тёмные (све́тлые, до́брые) глаза́
смотре́ть (-рю́, -ришь) *uv.* в глаза́ *кому?*
отвести́ → /отводи́ть → *uv.* глаза́
бро́ви, -ве́й
чёрные бро́ви
рот, рта, *P.* о рте́, *во рту́*
широ́кий ~ (до уше́й)
гу́бы, губ
то́нкие (по́лные) ~
зуб
здоро́вые зу́бы
иску́сственные зу́бы
язы́к
нос
дли́нный (о́стрый, прямо́й) ~
курно́сый

Haarfarbe **95** · Kosmetik, Frisur **304** ff.

sinneswahrnehmungen

205 Sehfähigkeit
Er kann gut (schlecht) sehen.
Brille
Sonnenbrille
Brillenträger
Sie trug schon als Mädchen eine Brille.
blind, der Blinde
Sie ist von Geburt an blind.

спосо́бность *f.* ви́деть
Он хорошо́ (пло́хо) ви́дит.
очки́, -ко́в *Pl.*
~ от со́лнца
челове́к в очка́х
Она́ уже́ *де́вочкой* носи́ла очки́.
слепо́й
Она́ слепа́я от рожде́ния.

206 **sehen,** erblicken
alles in rosarotem Licht sehen
mit eigenen Augen sehen
augenscheinlich, offensichtlich
im Auge haben
anschauen, betrachten, sehen
besichtigen, ansehen, untersuchen
das Stadtzentrum besichtigen

у/ви́деть (ви́жу, ви́дишь)
~ всё в ро́зовом све́те
~ со́бственными глаза́ми *кого, что?*
очеви́дно
име́ть *uv.* в виду́
по/смотре́ть (-рю́, -ришь)
осмотре́ть (-рю́, -ришь)/осма́тривать
~ центр го́рода

207 Hörfähigkeit
Er kann gut (schlecht, nicht) hören.
taub (taubstumm)

спосо́бность *f.* слы́шать
Он хорошо́ (пло́хо, не) слы́шит.
глухо́й (глухонемо́й)

208 **hören,** zuhören, *auch:* gehorchen
Musik hören (dem Dozenten zuhören)
Höre (Hört) nicht auf ihn!
hören, vernehmen
hören, daß jemand kommt

по/слу́шать *кого, что?*
~ му́зыку (~ *преподава́теля*)
Не слу́шай (Не слуша́йте) *его́*!
у/слы́шать (-шу, -шишь)
слы́шать, что кто-то идёт

209 **Ton,** Laut
ein angenehmer Ton
(er)tönen, (er)klingen
Seine Worte klingen optimistisch.
Klang, Ton **(Klingeln)**
Glockenklang
Telefonklingeln
läuten, klingeln
Das Telefon klingelt.

звук
прия́тный ~
про/звуча́ть (-чи́т, -ча́т)
Его́ слова́ звуча́т оптимисти́чески.
звон (звоно́к, -нка́)
колоко́льный звон
телефо́нный звоно́к, -нка́
за/звони́ть
Телефо́н звони́т.

210 laut
leise, still
laut (leise) sprechen
laut (leise) lesen

гро́мко, гро́мкий, *Ко́тр.* гро́мче
ти́хо, ти́хий, *Ко́тр.* ти́ше
говори́ть *uv.* гро́мко (ти́хо)
чита́ть *uv.* вслух (про себя́)

211 Nerven
gesunde Nerven haben
schlafen
ruhig schlafen
Ich möchte schlafen.

не́рвы
и́меть *uv.* здоро́вые не́рвы
спать (сплю, спишь) *uv.*
~ споко́йно
Мне хо́чется спать.

ärztliche Behandlung **220** f. · Besichtigung **546**

Gesundheit · Körperpflege

Müdigkeit	**уста́лость** *f.*
vor Müdigkeit	*от уста́лости*
müde	**уста́лый**
müde werden, ermüden	**уста́ть** (-а́ну, -а́нешь)/**устава́ть** (-таю́, -таёшь)
Wir sind müde.	Мы уста́ли.

212 aufstehen

	встать (-а́ну, -а́нешь)/**встава́ть** (-таю́, -таёшь)
wecken	**раз/буди́ть** (-ужу́, -у́дишь) *кого?*
Wecken Sie mich um 6 Uhr!	Разбуди́те меня́ в 6 часо́в!
Wecker (Radiowecker)	**буди́льник** (радиобуди́льник)

213 sich waschen

213 sich waschen	**по/мы́ться** (мо́юсь, мо́ешься)
Seife	**мы́ло**
waschen, putzen	**по/мы́ть** (мо́ю, мо́ешь)
die Hände mit Seife waschen	~ ру́ки мы́лом
sauber (schmutzig)	**чи́стый (гря́зный)**
Zähne putzen	**чи́стить** (чи́щу, чи́стишь) *uv.* **зу́бы**
(Zahn-)Bürste	**(зубна́я) щётка**, *G. Pl.* -ток
sich (täglich) **rasieren**	**бри́ться** (бре́юсь, бре́ешься) *uv.* (ежедне́вно)
baden	**купа́ться** *uv.*
Dusche	**душ**
duschen	**приня́ть** (приму́, при́мешь; -нял, -няла́, -няли)/**принима́ть душ**
Banja (Sauna)	**ба́ня (са́уна)**
in die Banja (in die Sauna) gehen *(wiederholt, regelmäßig)*	ходи́ть ➝ *unbest.* в ба́ню (в са́уну)

214 (Nicht-)Raucher(in)

214 (Nicht-)Raucher(in)	**(не-)куря́щий, (не-)куря́щая**
rauchen	**кури́ть** (-рю́, -ришь) *uv.*
Ich rauche schon lange nicht mehr.	Я уже́ давно́ не курю́.
sich das Rauchen **abgewöhnen**	**бро́сить** (-о́шу, -о́сишь) *v.* кури́ть
Er raucht zuviel.	Он сли́шком мно́го ку́рит.
Zigarette	**сигаре́та**

215 Gesundheit

215 Gesundheit	**здоро́вье**
gute (schwache) Gesundheit	кре́пкое (сла́бое) ~
gesund	**здоро́вый**
Krankheit, Leiden	**боле́знь** *f.*
eine schwere Krankheit	тяжёлая ~
krank, der Kranke	**больно́й**
Er (Sie) ist schwer krank.	Он (Она́) тяжело́ бо́лен (больна́).
krank sein	**боле́ть** *uv. чем?*
Ich habe Angina.	Я боле́ю ангѝной.
krank werden	**заболе́ть** *v. чем?*
an Angina erkranken	~ ангѝной

Zeitangaben **22** ff. · Zähne **204** · Kosmetik, Frisur **304** ff.
Drogen **169** · Unfall, Tod **245**

Krankheit

216 Husten
Schnupfen
Grippe
Angina
Temperatur, Fieber
Er hat hohes Fieber (Husten).

ка́шель, -шля
на́сморк
грипп
анги́на
температу́ра
У него́ высо́кая температу́ра (ка́шель).

217 Besorgnis, Besorgtheit
besorgt
Wie fühlen Sie sich? Wie fühlt ihr euch?
Es geht. Normal.
schmerzen, weh tun
Mir tut das Bein weh.

озабо́ченность *f.*
озабо́ченный
Как вы себя́ чу́вствуете?
Ничего́. Норма́льно.
боле́ть (боли́т, боля́т) *uv.*
У меня́ нога́ боли́т.

218 Medizin, Heilkunde
medizinisch
ärztliche Hilfe, Rettungsdienst
Arzt (Ärztin)
Krankenschwester
(Kranken)Pfleger(in)

медици́на
медици́нский
медици́нская по́мощь
врач, до́ктор
медсестра́, *Pl.* -сёстры, -сестёр
санита́р(ка)

219 (private) Arztpraxis
Poliklinik
Klinik
Krankenhaus
Apotheke

(ча́стная) пра́ктика врача́
поликли́ника
кли́ника
больни́ца
апте́ка

220 ärztlich behandeln, kurieren,
heilen
sich gegen Allergie **behandeln lassen**
untersuchen, *auch:* besichtigen,
ansehen
den Kranken untersuchen
Rezept
eine Medizin verschreiben

вы́/лечить *кого?*
вы́/лечиться *от алле́ргии*
осмотре́ть (-трю, -тришь)/**осма́-**
тривать *кого, что?*
~ больно́го
реце́пт
вы́писать (-пишу, -пишешь)/
выпи́сывать лека́рство *по реце́пту*

Operation
Herzoperation

опера́ция
~ на се́рдце

221 Medizin, Arznei
eine Arznei gegen Grippe
Mittel
Hustenmittel
Tablette
Kopfschmerztablette
(ein)nehmen

лека́рство
~ *от гри́ппа*
сре́дство
~ *от ка́шля*
табле́тка, *G. Pl.* -ток
~ *от головно́й бо́ли*
приня́ть (приму́, при́мешь; -нял,
-няла́, -няли)/**принима́ть**

eine Arznei (eine Tablette) nehmen

~ лека́рство (табле́тку)

Durst, Hunger, Appetit **283** · Fürsorge **244**
Mitleid **346** · Sanatorium **543**

Mensch und persönliche Bindungen

222
bis
225

Generationen

222 Mensch	**челове́к**
Leute, Menschen	**лю́ди**, -де́й
viele Leute, viele Menschen	мно́го люде́й
100 Menschen	100 челове́к
Person, *auch:* Gesicht	**лицо́**, *Pl.* ли́ца
persönlich	**ли́чный**
persönliche Beziehungen	ли́чные отноше́ния
223 Generation	**поколе́ние**
die heutige Jugend	совреме́нное молодо́е ~
die ältere Generation	ста́ршее ~
Zeitgenosse (Zeitgenossin)	**совреме́нник (совреме́нница)**
224 Jugend	**молодёжь** *f.*
Jugend-	**молодёжный**
Jugendtheater	~ теа́тр
jung	**молодо́й**, *Компр.* моло́же
junger Mann (junge Leute)	**молодо́й челове́к** (молоды́е лю́ди)
junge Leute, *auch Anrede:* Kinder, Leute	**ребя́та**, -бя́т
unsere Leute, die unsrigen *(umgangsspr.)*	на́ши ~
Teenager, Halbwüchsiger	**подро́сток**, -тка
Jugendlicher, junger Mann, großer Junge	**ю́ноша**, *G. Pl.* -шей *m.*
junges Mädchen	**де́вушка**, *G. Pl.* -шек
junger Bursche, junger Mann	**па́рень**, -рня, *Pl.* -рни, -ней
225 ein Erwachsener	**взро́слый**
eine Erwachsene	**взро́слая**
erwachsen sein	быть → *uv.* **взро́слым**
Mann (Frau)	**мужчи́на** *m.* **(же́нщина)**
ein Mann im mittleren Alter	**мужчи́на сре́днего во́зраста**
im fortgeschrittenen Alter, älter	**пожило́й**
ein älterer Mann	~ мужчи́на
alt	**ста́рый**
alter Mann, Greis	**стари́к**
alte Frau, altes Mütterchen, Greisin	**стару́ха**

226 Eltern	**роди́тели**, -лей
Ehefrau, Frau, Gattin	**жена́**, *Pl.* жёны, жён
Ehemann, Mann, Gatte	**муж**, *Pl.* мужья́, -же́й
Mutter (**Mama**, Mutti)	**мать**, -тери, *Pl.* -тери *f.* (**ма́ма**)
Vater (**Papa**, Vati)	**оте́ц**, отца́ (**па́па** *m.*)
Stiefmutter (**Stiefvater**)	**ма́чеха** (**о́тчим**)
227 Kind	**ребёнок**, -нка, *Pl.* -бя́та, -бя́т
Kinder	**де́ти**, -те́й
Junge, kleiner Junge	**ма́льчик**
Mädchen, kleines Mädchen	**де́вочка**, *G. Pl.* -чек
Tochter	**дочь**, -чери, *Pl.* -чери, -чере́й
Sohn	**сын**, *Pl.* -новья́, -нове́й
228 Geschwister	**бра́тья и сёстры**
Schwester	**сестра́**, *Pl.* сёстры, сестёр
Bruder	**брат**, *Pl.* бра́тья, -тьев
Zwillinge, Mehrlinge	**близнецы́**, -цо́в
229 ein Verwandter	**ро́дственник**
eine Verwandte	**ро́дственница**
nahe (entfernte) Verwandte	бли́зкие (да́льние) ро́дственники
verwandt, verwandtschaftlich	**ро́дственный**
verwandtschaftliche Beziehungen	ро́дственные отноше́ния
Großmutter, Oma	**ба́бушка**, *G. Pl.* -шек
Urgroßmutter	**прабáбушка**, *G. Pl.* -шек
Großvater, Opa	**дед, де́душка**, *G. Pl.* -шек *m.*
Urgroßvater	**праде́душка**, *G. Pl.* -шек *m.*
Kinderfrau	**ня́ня**
Enkel(in)	**внук** (**вну́чка**, *G. Pl.* вну́чек)
Tante	**тётя**, *G. Pl.* тётей
Onkel	**дя́дя**, *G. Pl.* дя́дей *m.*
ein Onkel von mir (eine Tante von mir)	*оди́н мой* дя́дя (*одна́ моя* тётя)
Neffe (**Nichte**)	**племя́нник** (**племя́нница**)
Cousin, Vetter (**Cousine**)	**кузе́н** (**кузи́на**)
230 Freund	**друг**, *Pl.* друзья́, -зе́й
Freundin	**подру́га**
Freunde werden	**стать** (ста́ну, ста́нешь)/**станови́ться** (-влю́сь, -о́вишься) *друзья́ми*
ein breiter (enger) Freundeskreis	широ́кий (те́сный) круг друзе́й
Ein alter Freund ist besser als zwei neue.	Ста́рый друг лу́чше но́вых двух.
231 ein Bekannter (eine Bekannte)	**знако́мый** (**знако́мая**)
ein großer **Bekanntenkreis**	большо́е **знако́мство**
Kamerad(in), Genosse (Genossin)	**това́рищ**
Spielgefährte (Spielgefährtin)	~ де́тства
Leidensgefährte (Leidensgefährtin)	~ *по несча́стью*

Verwandte und Bekannte

Freundschaft, Liebe, Partnerschaft **246** ff.

Lebenslauf Bekannte

232 Kollege (Kollegin)
mein Kollege (meine Kollegin)
Mitarbeiter(in)
Partner(in)
mein Tennispartner

коллéга
мой коллéга (моя́ коллéга)
сотрýдник (сотрýдница)
партнёр(ша)
мой партнёр *по тéннису*

233 Nachbar(in)

benachbart, Nachbar-
die Nachbarwohnung
im Nachbarhaus

сосéд, *Pl.* -ди, -дéй (**сосéдка**,
G. Pl. -док)
сосéдний
сосéдняя кварти́ра
в сосéднем дóме

234 Biographie, Lebenslauf
die Biographie einer bekannten Schrift-
stellerin
Autobiographie
Leben
Sie hatte ein kompliziertes Leben.
ein wichtiger Lebensabschnitt
vom Leben erzählen

биогрáфия
~ извéстной писáтельницы

автобиогрáфия
жизнь *f.*
У неё былá слóжная жизнь.
вáжный перѝод жѝзни
рассказáть (-ажý, -áжешь)/расскáзы-
вать о жѝзни

leben, *auch:* wohnen
von 1799 bis 1837 leben
Schicksal
ein schweres Schicksal

жить (живý, живёшь) *uv.*
~ с 1799-ого гóда по 1837-ой год
судьбá, *Pl.* сýдьбы, сýдеб
тяжёлая ~

235 Name, Vorname
den Namen seiner Mutter tragen
namens, mit Namen, benannt (nach)
die Voltaire-Schule
im Namen
im Namen des Schülerrates
Mein Vorname ist Monika.
Mein **Vatersname** ist…
Mein **Familienname** ist …
Ich heiße Alexander. *(Name von Lebe-
wesen)*
Er (Sie) heißt … (hieß …)
heißen *(Bezeichnung von Dingen,
Orten)*, sich nennen, sich bezeichnen
Das Dorf heißt Sosnowka.
Er gab sich als Techniker aus.
nennen (jmdn., etw.)

и́мя, и́мени, *Pl.* именá, имён *n.*
носи́ть → *unbest.* и́мя мáтери
и́мени *кого, чего?*
шкóла и́мени Вольтéра
от и́мени *кого?*
от и́мени учени́ческого совéта
Моё и́мя Моника.
Моё **óтчество** …
Моя́ **фами́лия** …
Меня́ зовýт Александр.

Егó (Её) зовýт … (звáли …)
назвáться (-зовýсь, -зовёшься)/
называ́ться *как? кем, чем?*
Дерéвня называ́ется Соснóвка.
Он назвáлся *тéхником.*
назвáть (-зовý, -зовёшь)/**называ́ть**
кого, что? кем, чем?

Die Eltern nannten den Sohn Boris.
Benennung, Bezeichnung
Die Stadt bekam den alten Namen
wieder.

Роди́тели назвáли сы́на *Бори́сом.*
назвáние
Гóроду вернýли стáрое назвáние.

Zeitangaben **22** ff.

236 Alter · возраст
Kindesalter (Jugendalter) · детский ~ (юношеский ~)
im Alter von 5 Jahren · в возрасте *пяти лет*
Wie alt bist du (sind Sie, seid ihr)? · **Сколько тебе** (вам) **лет?**
Ich bin 16 Jahre alt. · **Мне 16 лет.**
Er ist 1 Jahr alt. (Sie ist 2 Jahre alt.) · Ему 1 год. (Ей 2 года.)
Er ist **ungefähr** 5 Jahre alt. · Ему **около** *пяти.*
Sie war **nicht älter als** 10 Jahre. · Ей было **не больше** *десяти.*
Als er 10 Jahre alt war, … · Когда ему было 10 лет, …
älter (jünger) · **старше (младше)**
Er (Sie) ist älter (jünger) als ich. · Он (Она) старше (младше) *меня.*
älterer, ältester (**jüngerer**, jüngster) · **старший (младший)**
jüngere Schwester, jüngste Schwester · младшая сестра

237 Geburt · рождение
von Geburt an · от рождения
Geburtstag (Geburtsjahr) · **день рождения (год рождения)**
Geburtsort · **место рождения**
geboren werden · **родиться** (-ился, -илась, -ились) *v. uv.*
Er wurde 1981 geboren. · Он родился в 1981-ом году.

238 Familie · семья
Eltern · **родители,** -ей
Die Eltern waren Bauern. · Родители были *крестьянами.*
Sie haben ein **Kind** (zwei Kinder). · У них **ребёнок** (двое *детей).*
Sie hatten keine Kinder. · У них не было *детей.*
Waise (Halbwaise) · **сирота** (наполовину ~)
Er verlor früh seine Eltern. · Он рано лишился родителей.
Ich habe zwei **Schwestern.** · У меня две **сестры.**
Er hat einen **behinderten Bruder.** · У него **брат-инвалид.**
Sie hat (hatte) keinen Bruder. · У неё нет (не было) *брата.*
aufwachsen · **вырасти** (-сту, -стешь; -рос, -росла)/
· **расти** (-сту, -стёшь; рос, росла)
in einfachen Verhältnissen aufwachsen · ~ в простых условиях
Er (Sie) wuchs als Waise auf. · Он рос (Она росла) *сиротой.*

239 Kindheit · детство
schon seit der Kindheit (als Kind) · уже с детства *(ребёнком)*
Kindertagesstätte, Kita, Kindergarten · **детский сад**, *Р.* в детском *саду*
einen Kindergarten besuchen · ходить → *unbest.* в детский сад
verbringen, *auch:* durchführen · **провести** → /**проводить** →
die Kindheit im Ausland verbringen · ~ детство за границей
4 Jahre im Kinderheim verbringen · ~ 4 года в детском доме

240 umziehen · **переехать** → /**переезжать**
von Bonn nach Berlin umziehen · ~ из Бонна в Берлин
Um-, Aussiedler(in) · **переселенец,** -нца (**переселёнка,**
· *G. Pl.* -нок)

Lebenslauf

241 eine Ausbildung beginnen

	поступи́ть (-плю́, -пишь)**/поступа́ть** куда́?
zur Schule kommen, eingeschult werden	~ в шко́лу
lernen, studieren	**учи́ться** (учу́сь, у́чишься) uv.
in der 8. Klasse sein	~ в восьмо́м кла́ссе
13 Jahre zur Schule gehen	~ 13 лет
Neben dem Unterricht arbeitete (jobbte) sie noch in einem Kaufhaus.	По́сле заня́тий она́ ещё прираба́тывала в универма́ге.

242 planen

	за/плани́ровать (-рую, -руешь)
sein Leben (seine Karriere) planen	~ жизнь (карье́ру)
Berufswahl	**вы́бор профе́ссии**
einen angesehenen Beruf **wählen**	**вы́брать** (-беру, -берешь)**/выбира́ть** прести́жную профе́ссию
(etw.) **werden**, beginnen	**стать** (ста́ну, ста́нешь)**/станови́ться** (-влю́сь, -вишься) кем?
Arzt (Ärztin) werden	~ врачо́м
Sie begann als Stewardeß zu arbeiten.	Она́ ста́ла рабо́тать стюарде́ссой.
Von Beruf ist er Lehrer.	По профе́ссии он учи́тель.
Von Beruf war er Lehrer.	По профе́ссии он был учи́телем.

243 beenden, abschließen

	ко́нчить/конча́ть
die Schule (das Studium) beenden	~ шко́лу (учёбу)
Beendigung	**оконча́ние**
nach Beendigung der Realschule	по оконча́нии реа́льной шко́лы
(weg)werfen, aufgeben	**бро́сить** (-óшу, -óсишь)**/броса́ть**
seine Arbeit (das Studium) aufgeben	~ рабо́ту (учёбу)

244 altern, alt werden

	по/старе́ть
in den letzten Lebensjahren	в после́дние го́ды жи́зни
wegen (der) Krankheit	из-за боле́зни
sich kümmern, sich sorgen, sich Sorgen machen	**по/забо́титься** (-óчусь, -óтишься) о ком, о чём?
sich um die Familie sorgen	~ о семье́
Er kümmerte sich jahrelang um seinen kranken Großvater.	Он мно́го лет забо́тился о своём больно́м де́душке.

245 Tod

	смерть f.
bis zum Tod (nach dem Tod) des Vaters	до сме́рти (по́сле сме́рти) отца́
sterben	**умере́ть** (умру́, умрёшь; у́мер, умерла́, у́мерли)**/умира́ть**
an Krebs sterben	~ от ра́ка
ums Leben kommen, umkommen	**поги́бнуть** (-ну, -нешь; поги́б, поги́бла)**/погиба́ть**
durch einen Unfall (bei einem Autounfall, einem Flugzeugunglück) ums Leben kommen	~ от несча́стного слу́чая (в доро́жной катастро́фе, в авиакатастро́фе)
Er ist im Krieg gefallen.	Он поги́б на войне́.

Schule **402** ff. · Studium **430** ff. · Beruf, Tätigkeit **184** ff.
politische Aktivität **157** ff. · Militärdienst **165** · Gesundheit **215** ff.

Freundschaft und Liebe

246 sich kennenlernen
Sie lernten sich mit 18 Jahren kennen.
bekannt sein (mit jmdm.)
Wir *(er und ich)* sind schon lange
bekannt.
mein neuer **Bekannter**
eine oberflächliche **Bekanntschaft**

по/знако́миться (-млюсь, -мишься)
Они́ познако́мились 18-и лет.
знако́м, -а, -о, -ы
Мы с ним уже́ давно́ знако́мы.

мой но́вый **знако́мый**
пове́рхностное **знако́мство**

247 Freundschaft
befreundet sein
Er war mit ihr viele Jahre befreundet.
einig, freundschaftlich, einhellig
Sie sind befreundet.
Sie halten wie Pech und Schwefel
zusammen. *(Redewendung)*
sich verlassen (auf jmdn., etw.)
Auf dich kann man sich verlassen.

дру́жба
дружи́ть *uv. с кем?*
Он с ней дружи́л мно́го лет.
дру́жный
Они́ дружны́. Они́ друзья́.
Их водо́й не разольёшь.

положи́ться *uv. на кого, на что?*
На тебя́ мо́жно положи́ться.

248 Liebe
Liebe auf den ersten Blick
Er ist meine erste Liebe.
liebgewinnen
sich verlieben

Er (Sie) ist bis über beide Ohren verliebt.
Flirt
lieben, mögen, gern haben
Ich habe einen **Freund** (eine **Freundin**).
geliebt, *auch:* beliebt
Liebespaar
Liebesbrief
Er hat **Liebeskummer**.

любо́вь, -бви́, *l.* -бо́вью *f.*
~ с пе́рвого взгля́да
Он — моя́ пе́рвая любо́вь.
полюби́ть (-блю́, -бишь) *v. кого, что?*
влюби́ться (-блю́сь, -бишься)/
влюбля́ться *в кого, во что?*
Он влюблён (Она́ влюблена́) по́ уши.
флирт
люби́ть (-блю́, -бишь) *uv.*
У меня́ есть **па́рень (де́вушка)**.
люби́мый
любо́вная па́ра
любо́вное письмо́
У него́ **любо́вная печа́ль.**

249 Vertrauen, Zutrauen
Telefon des Vertrauens, Sorgentelefon
Vertrauen genießen

das Vertrauen verlieren
vertrauen, Vertrauen haben
glauben (jmdm.)

дове́рие *к кому, к чему?*
телефо́н дове́рия
по́льзоваться (-зуюсь, -зуешься) *uv.*
дове́рием
по/теря́ть дове́рие *кого? к кому?*
дове́рить/доверя́ть *кому, чему?*
по/ве́рить *кому, чему?*

250 treu (treulos, untreu)
ein treuer (ein treuloser) Freund
Sie **betrügt** ihn.
eifersüchtig sein (auf jmdn., wegen
jmdm.)
Er ist eifersüchtig wegen seiner
Freundin.

ве́рный (неве́рный)
~ друг
Она́ *ему́* изменя́ет.
ревнова́ть (-ну́ю, -ну́ешь) *uv. кого?
к кому?*
Он ревну́ет *де́вушку.*

Freunde, Bekannte **230** ff. · sich bekannt machen **509**
Einstellung, Zuwendung **347** ff. · Ehrlichkeit **330**

Liebe und Partnerschaft

251 Erotik
erotisch
Erotikfilme
Kuß
küssen
sich küssen

эро́тика
эроти́ческий
эроти́ческие фи́льмы
поцелу́й *m.*
по/целова́ть (-лу́ю, -лу́ешь) *кого?*
по/целова́ться (-лу́юсь, -лу́ешься) *с кем?*

252 zärtlich, sanft, liebevoll
schüchtern
leidenschaftlich (leidenschaftslos)

не́жный
ро́бкий
стра́стный (бесстра́стный)

253 Sex
Sexual-, sexuell
sexueller Kontakt
intim
intime Beziehungen
Geschlecht *(natürliches Geschlecht)*
männliches (weibliches) Geschlecht
Geschlechts-, geschlechtlich
Geschlechtsverkehr (haben)
sich schützen
sich gegen Aids schützen
sich vor einer Schwangerschaft schützen
Verhütungsmittel
Verhütungsmittel verwenden

секс
сексуа́льный
~ конта́кт
инти́мный
инти́мные отноше́ния
пол
мужско́й (же́нский) ~
полово́й
(име́ть *uv.*) **половы́е сноше́ния**
предохраня́ться *uv.*
~ от спи́да
~ от бере́менности
противозача́точные сре́дства
вос/по́льзоваться (-зуюсь, -зуешься) *противозача́точными сре́дствами*

254 homosexuell
Homosexueller (Schwuler)
Lesbe
sich als homosexuell **zu erkennen geben** (coming out)
eine **gleichgeschlechtliche Partner-schaft**

гомосексуа́льный
гомосексуали́ст, го́мо (голубо́й)
лесбия́нка, G. Pl. -нок
говори́ть *uv.* **в откры́тую** о своём гомосексуали́зме
гомосексуа́льное партнёрство

255 Schwangerschaft
eine (un)erwünschte Schwangerschaft
schwanger werden
die **Schwangere** (eine schwangere Frau)
das **Kind austragen**
Schwangerschaftsabbruch
legaler (illegaler) Schwangerschafts-abbruch
einen Schwangerschaftsabbruch vor-nehmen
den Schwangerschaftsabbruch **ver-bieten**

бере́менность *f.*
(не)жела́тельная ~
за/бере́менеть *от кого?*
бере́менная (бере́менная же́нщина)
вы́носить → *v.* ребёнка
або́рт
лега́льный (нелега́льный) ~

с/де́лать ~

запрети́ть (-ещу́, -ети́шь)**/запре-ща́ть** ~

Trennung Partnerschaft

256 Zusammenleben, Lebens-
gemeinschaft
Zusammenleben gleichgeschlechtlicher
Partner
zusammen leben (mit einem Freund,
mit einer Freundin)
Lebensgefährte (Lebensgefährtin)

совме́стная жизнь

совме́стная жизнь гомосексуали́стов
(лесбия́нок)
жить (живу́, живёшь) *uv.* **вме́сте**
(с па́рнем, с де́вушкой)
спу́тник жи́зни (спу́тница жи́зни)

257 Ehe
eine glückliche Ehe
eine Tochter aus erster Ehe
heiraten, eine Ehe schließen

брак
счастли́вый ~
дочь из пе́рвого бра́ка
вступи́ть (-плю́, -пишь)/**вступа́ть в
брак**

Hochzeit
heiraten *(als Paar)*
Sie haben vor einem Jahr geheiratet.
(jmdn.) **heiraten** *(als Frau)*

Sie heiratete einen interessanten Mann.

сва́дьба, *G. Pl.* -деб
пожени́ться *v.*
Они́ пожени́лись год тому́ наза́д.
вы́йти ⇥ /выходи́ть ⇥ за́муж
за кого?
Она́ вы́шла за́муж *за интере́сного
мужчи́ну.*

verheiratet *(als Frau)*
Sie ist schon drei Jahre verheiratet.
eine verheiratete Frau
(jmdn.) **heiraten** *(als Mann)*
Er heiratete eine Frau mit zwei Kindern.

за́мужем
Она́ уже́ три го́да за́мужем.
заму́жняя же́нщина
жени́ться *uv.* **на ком?**
Он жени́лся *на же́нщине* с двумя́
детьми́.

verheiratet *(als Mann)*
Er ist **verheiratet.**

жена́тый
Он **жена́т.**

258 auseinandergehen, sich trennen
Scheidung
vor der Scheidung (nach der Scheidung)
sich scheiden lassen
Sie lassen sich scheiden.
Sie läßt sich von ihrem Mann scheiden.
Sie haben sich schon vor zwei Jahren
scheiden lassen.
geschieden
Er ist geschieden. (Sie ist geschieden.)

разойти́сь ⇥ /расходи́ться ⇥
разво́д
до разво́да (по́сле разво́да)
развести́сь ⇥ /разводи́ться ⇥
Они́ разво́дятся.
Она́ разво́дится *с му́жем.*
Они́ развели́сь уже́ два го́да тому́
наза́д.
разведённый
Он разведён. (Она́ разведена́.)

259 einsam, einzeln
ein alleinstehender Mann
Er fühlte sich einsam.
allein leben

Sie lebt allein mit (ihrem) Kind.
eine **alleinerziehende Mutter**
ein **alleinerziehender Vater**

одино́кий
~ мужчи́на
Он чу́вствовал себя́ одино́ко.
жить (живу́, живёшь) *uv.* **одному́
(одно́й)**
Она́ живёт одна́ с ребёнком.
мать-одино́чка, *G.* ма́тери-одино́чки
оте́ц-одино́чка, *G.* отца́-одино́чки

Alltägliches

260 Wohnung, *auch:* Quartier
Zwei-(Drei-)Zimmer-Wohnung
eine billige (teure) Wohnung
Eigentumswohnung
Gemeinschaftswohnung
eine eigene Wohnung haben
wohnen, leben
in einer kleinen Wohnung leben

кварти́ра
~ из двух (трёх) ко́мнат
дешёвая (дорога́я) ~
со́бственная кварти́ра
коммуна́льная кварти́ра
име́ть *uv.* **отде́льную кварти́ру**
жить (живу́, живёшь) *uv.*
~ в ма́ленькой кварти́ре

261 suchen
eine Wohnung zum erschwinglichen
Preis suchen
Miete
eine hohe Miete bezahlen

Wohngeld

иска́ть (ищу́, и́щешь) *uv.*
~ кварти́ру *по досту́пной цене́*

квартпла́та
за/плати́ть (-ачу́, -а́тишь) высо́кую
квартпла́ту
дота́ция на квартпла́ту

262 umziehen
in eine andere Wohnung umziehen
in eine andere Stadt ziehen
eine Wohnung mieten

die Wohnung **tauschen**
ein Haus **besetzen**

ein besetztes Haus **räumen**

перее́хать → /переезжа́ть
~ *на другу́ю кварти́ру*
~ в друго́й го́род
снять (сниму́, сни́мешь)/**снима́ть
кварти́ру**
по/меня́ть кварти́ру
самово́льно **захвати́ть** (-ачу́,
-а́тишь) *v.* дом
освободи́ть (-ожу́, -оди́шь)/
освобожда́ть захва́ченный дом

263 Haus
vielstöckiges (einstöckiges) Haus
Wohnhaus
Holzhaus
Elternhaus, Vaterhaus
das Haus, in dem ich wohne
zu Hause (nach Hause)

дом, *Pl.* дома́
многоэта́жный (одноэта́жный) ~
жило́й ~
деревя́нный ~
родно́й ~
дом, в кото́ром я живу́
до́ма (домо́й)

Adresse **518** · Nachbarn **233** · bauen **179**

264 Hof | двор
auf dem Hof (draußen) | *во дворе́ (на дворе́)*
Zum Haus gehört ein großer Hof. | *При до́ме есть большо́й двор.*
Aufgang, Zufahrt, Eingang | подъе́зд
Garage | гара́ж, *Pl.* -жи́, -же́й

265 Etage, Stockwerk | эта́ж, *Pl.* -жи́, -же́й
in der ersten Etage, im Erdgeschoß | *на пе́рвом этаже́*
Keller (im Keller) | подва́л (в подва́ле)
Treppe, *auch:* Leiter | ле́стница
Fahrstuhl, Aufzug | лифт
hochgehen, hochfahren | подня́ться (-ниму́сь, -ни́мешься)/
  | поднима́ться
in die 5. Etage gehen, fahren | *~ на пя́тый эта́ж*
die Treppe hochgehen | *~ по ле́стнице*
mit dem Fahrstuhl hochfahren | *~ на ли́фте*

266 Raum | помеще́ние
Zimmer (ein eigenes Zimmer) | ко́мната (отде́льная ~)
Wohnzimmer, *auch:* Gästezimmer | гости́ная
Eßzimmer, *auch:* Kantine, Speisesaal | столо́вая
Arbeitszimmer | кабине́т
Schlafzimmer | спа́льня
Kinderzimmer | де́тская
Küche | ку́хня
Badezimmer (Dusche, Toilette) | ва́нная (душ, туале́т)
Balkon (Terrasse) | балко́н (терра́са)
Wintergarten (im Wintergarten) | зи́мний сад *(в зи́мнем саду́)*

267 Tür (Wohnungstür) | дверь *f.* (~ кварти́ры)
Fenster | окно́, *Pl.* о́кна, о́кон
Wand, Mauer | стена́
Fußboden (auf dem Fußboden) | пол *(на полу́)*

268 Möbel | ме́бель *f.*
bequem, passend | удо́бный
bequeme Möbel | удо́бная мебель
Schrank | шкаф, *P.* в, на шкафу́
Schrankwand | сте́нка, *G. Pl.* -нок
Regal, Bücherbrett | по́лка, *G. Pl.* -лок
Tisch (Schreibtisch) | стол (пи́сьменный ~)
Stuhl | стул, *Pl.* -лья, -льев
Sessel | кре́сло, *G. Pl.* -сел
Bett (Sofa, Couch, Liege) | крова́ть *f.* **(дива́н)**
Lampe (Tischlampe) | ла́мпа (насто́льная ~)
Spiegel | зе́ркало
Kühlschrank | холоди́льник
Waschmaschine | стира́льная маши́на

Garten **134** · Bild-, Tontechnik **466** · kaufen **307** ff.

269 essen, aufessen | съ/есть (ем, ешь, ест, еди́м, еди́те, едя́т)
Obst essen | ~ фру́кты
frühstücken | **по/за́втракать**
Mittag essen | **по/обе́дать**
zu Abend essen | **по/у́жинать**
Laßt uns jetzt Mittag essen! | Дава́йте пообе́даем!

270 **Frühstück** | **за́втрак**
beim Frühstück | *за за́втраком*
Mittagessen | **обе́д**
Abendessen, Abendbrot | **у́жин**
Was gibt es zum Abendbrot (zu Mittag)? | Что *на у́жин (на обе́д)*?
Gericht, Speise, Gang, *auch:* Schüssel | **блю́до**
ein typisch russisches Gericht | типи́чно ру́сское ~

271 **Vorspeise**, Imbiß | **заку́ска**, *G. Pl.* -сок
Salat | **сала́т**
Fischsalat | **ры́бный ~**
Gemüsesalat | **винегре́т**
gemischte Speise, gemischt | **ассорти́** *n. indekl.*
gemischter Salat (Fleischplatte) | сала́т ~ (мясно́е ~)
Pilze | **грибы́**
Kaviar | **икра́**
Ei | **яйцо́**, *Pl.* я́ица, яиц
saure Sahne | **смета́на**

272 **Brot**, *auch:* Getreide | **хлеб**
belegtes Brot, Schnitte, Sandwich | **бутербро́д**
Brötchen | **бу́лочка**, *G. Pl.* -чек
Butter, *auch:* Öl | **ма́сло**
(russische) **Konfitüre** | **варе́нье**
Käse | **сыр**
Wurst | **колбаса́**
eine Schnitte (ein Brötchen) mit Käse | бутербро́д (бу́лочка) с сы́ром

273 **erster Gang – Suppe** | **пе́рвое (блю́до) – суп**
Kartoffelsuppe | **карто́фельный суп**
Rote-Bete-Suppe, Borschtsch | **борщ**
Soljanka *(Fleisch- oder Fischsuppe)* | **соля́нка**
Fischsuppe | **уха́**
Kohlsuppe | **щи**, щей *Pl.*

274 **zweiter Gang – warme Speisen** | **второ́е (блю́до) – горя́чие блю́да**
Fleisch | **мя́со**
Gebratenes, Braten | **жарко́е**
Bulette, Frikadelle, *auch:* Kotelett | **котле́та**
Schnitzel | **шни́цель** *m.*

Schaschlyk	шашлы́к
eine Portion Schaschlyk	по́рция *шашлыка́*
Würstchen	соси́ска, *G. Pl.* -сок
Fisch	ры́ба

275 Pirogge *(gefüllte Pastete)* — пирожо́к, -жка́
Eierkuchen (Bliny) — блин, *Pl.* -ы́
Pelmeni *(gefüllte Teigtaschen)* — пельме́ни, -ей *Pl.*
Pizza — пи́цца

276 Gemüse — о́вощи, -ей *Pl.*
frisches Gemüse — све́жие ~
Kohl, Weißkohl — капу́ста
Blumenkohl — цветна́я капу́ста
Gurke — огуре́ц, -рца́
Tomate — помидо́р
Zwiebel, Zwiebeln — лук

277 Kartoffel — карто́шка *Sg.*
Kartoffeln — карто́фель *m.*
Bratkartoffeln — жа́реный ~
(Kartoffel-)Püree — (карто́фельное) пюре́ *indekl.*
Reis — рис
Grütze, Graupen — крупа́

278 dritter Gang – Dessert — тре́тье (блю́до) – десе́рт
Nachtisch — сла́дкое
Kompott *(Früchte in reichlich Saft)* — компо́т
Eis — моро́женое
Süßigkeiten — сла́дости, -ей
Schokolade — шокола́д
Pralinen, Konfekt, Bonbons — конфе́ты, -фе́т *Pl.*
Torte — торт
Sahne, *auch:* Schlagsahne — сли́вки, -вок *Pl.*

279 Früchte, Obst — фру́кты, -ов *Pl.*
reifes (unreifes) Obst — зре́лые (зелёные) ~
Beeren — я́годы
Birne, *auch:* Birnbaum — гру́ша
Apfel — я́блоко, *Pl.* -ки
Pflaume, *auch:* Pflaumenbaum — сли́ва
Apfelsine, Orange **(Zitrone)** — апельси́н (лимо́н)

280 Getränk — напи́ток, -тка
kalte (heiße) Getränke — холо́дные (горя́чие) напи́тки
Kaffee — ко́фе *m. indekl.*
schwarzer Kaffee (Milchkaffee) — чёрный ~ (~ с молоко́м)
eine Tasse Kaffee — ча́шка ко́фе

Tee	чай
Tee mit Zucker und Zitrone	чай с са́харом и лимо́ном
Tee mit Konfitüre	чай с варе́ньем
ein Glas Tee	стака́н *ча́я*
Milch	**молоко́**
warme (heiße) Milch	тёплое (горя́чее) ~
Kakao	**кака́о** *indekl.*
Kefir	**кефи́р**
Saft	**сок**
Limonade, Brause	**лимона́д**
Cola	**ко́ла**
Mineralwasser	**минера́льная вода́**
eine Flasche Mineralwasser	буты́лка *минера́льной воды́*
Kwaß (*säuerliches Getränk*)	**квас**

281 alkoholische Getränke — **алкого́льные напи́тки, спиртны́е**

Bier	**пи́во**
Wein	**вино́**
Sekt	**шампа́нское**
trockener (halbtrockener) Sekt	сухо́е (полусухо́е) ~
eine Flasche Sekt	буты́лка *шампа́нского*
Kognak	**конья́к**
Wodka	**во́дка**
Likör	**ликёр**

282 eingießen — **нали́ть** (-лью, -льёшь)/**налива́ть**

Gieß(t) ein!	Нале́й(те)!
Darf ich Ihnen Wein (Tee) eingießen?	Нали́ть Вам *вина́ (ча́ю)*?
austrinken, trinken	**вы́пить** (-пью, -пьешь)/**пить** (пью, пьёшь)
die Gläser erheben (auf jmdn., etw.)	**подня́ть** (-ниму́, -ни́мешь)/ **поднима́ть бока́лы** *за кого, за что?*
Trinken wir auf …	Вы́пьем *за … (кого, что?)*
Zum Wohl! Prost!	**На здоро́вье!**

283 Appetit — **аппети́т**

Er hat einen guten Appetit.	У него́ хоро́ший аппети́т.
Guten Appetit!	*Прия́тного аппети́та!*
Ich habe Hunger (Appetit).	**Мне хо́чется есть.**
Ich habe Durst.	**Мне хо́чется пить.**

284 zu essen geben, *auch:* ernähren, füttern — **на/корми́ть** (-млю́, -мишь) *кого?*

Hier ißt man gut.	Здесь ко́рмят хорошо́.
Wir wurden gut versorgt.	Нас хорошо́ корми́ли.
schmackhaft	**вку́сный**
ein schmackhaftes Gericht	вку́сное блю́до
Alles schmeckt sehr gut.	Всё о́чень вку́сно.

feiern **494** ff. · Geschmack **302**

Essen und Trinken

285 zubereiten, vorbereiten	**при/гото́вить** (-влю, -вишь)
das Mittagessen zubereiten	~ обе́д
einen Teig zubereiten	~ те́сто
kochen	**с/ва́рить**
braten	**за-, из/жа́рить**
legen, hineintun, *auch:* hinlegen, reichen	**положи́ть/класть** (кладу́, кладёшь; клал, кла́ла);
etwas Mehl hinzufügen	~ немно́жко *муки́*
umrühren, vermischen	**перемеша́ть/переме́шивать**
schneiden	**раз/ре́зать** (ре́жу, ре́жешь)
286 Salz (eine Prise Salz)	**соль** *f.* (немно́жко *со́ли*)
Zucker	**са́хар**
Pfeffer (Paprika)	**пе́рец**, -рца **(кра́сный ~)**
Petersilie	**петру́шка**
Dill	**укро́п**
287 Geschirr	**посу́да**
Teller	**таре́лка**, *G. Pl.* -лок
Tasse	**ча́шка**, *G. Pl.* -шек
Kaffeekanne (Teekanne, Teekessel)	**кофе́йник (ча́йник)**
Samowar	**самова́р**
Thermosflasche, Thermoskanne	**те́рмос**
Flasche	**буты́лка**, *G. Pl.* -лок
Trinkglas, Glas	**стака́н**
Weinglas, *auch:* Pokal	**бока́л**
288 Eßbesteck	**столо́вый прибо́р**
Messer	**нож**, *G. Pl.* -же́й
ein scharfes Messer	о́стрый ~
Gabel	**ви́лка**, *G. Pl.* -лок
Löffel (Teelöffel)	**ло́жка**, *G. Pl.* -жек (ча́йная ~)
289 Restaurant, Gaststätte	**рестора́н**
Imbißstube	**буфе́т**
Pizzeria	**пиццери́я**
Imbiß, Kantine, Speisesaal	**столо́вая**
Cafe	**кафе́** *n. indekl.*
ein gemütliches Cafe	ую́тное кафе́
Eiscafe, Eisdiele	**кафе́-моро́женое**
in der Eisdiele	в кафе́-моро́женом
290 Speisekarte, Menü	**меню́** *n. indekl.*
eine Spezialität des Hauses	фи́рменное блю́до
nehmen	**взять** (возьму́, -мёшь; взял, взяла́, взя́ли)/**брать** (беру́, берёшь)
Als Vorspeise werde ich … nehmen.	**На заку́ску** я возьму́ …
Als ersten Gang nehme ich …	**На пе́рвое** я беру́ …

Preis, Bezahlung **317** ff.

Kleidung Essen und Trinken

291 Wirt(in), Gastwirt(in)

хозя́ин, *Pl.* -я́ева, -я́ев (**хозя́йка,** *G. Pl.* -я́ек)

Koch (Köchin)   по́вар
Kellner(in)   официа́нт(ка)

292 bewirten

угости́ть (угощу́, угости́шь)/ **угоща́ть** *кого?*

Bedienen Sie sich!
Nehmen Sie sich etwas!   Угоща́йтесь!
probieren, versuchen   по/про́бовать (-бую, -буешь)
Probieren Sie den Salat!   Попро́буйте сала́т!
auftragen, reichen   пода́ть → /подава́ть →
ausreichen, reichen   хвати́ть/хвата́ть
Die Getränke reichen nicht.   Не хвата́ет *напи́тков.*
Danke, (es) reicht!   Спаси́бо, хва́тит!

293 Kleidung, Kleider

оде́жда
Damenbekleidung (Herrenbekleidung)   же́нская ~ (мужска́я ~)
Kinderbekleidung   де́тская ~
Sommerbekleidung (Winterbekleidung)   ле́тняя ~ (зи́мняя ~)
Arbeitskleidung (Festkleidung)   рабо́чая ~ (пра́здничная ~)
Kleidung für alle Tage   ~ на ка́ждый день
Kleidersammlung   сбор ста́рой оде́жды
sich kleiden, sich anziehen   **оде́ться** (-е́нусь, -е́нешься)/ **одева́ться**

sich modern (teuer) kleiden   ~ по мо́де, мо́дно (до́рого)
gekleidet   оде́тый
eine gut gekleidete Frau   хорошо́ оде́тая же́нщина
nähen   **сшить** (сошью́, сошьёшь)/**шить** (шью, шьёшь)

(auf der) Maschine nähen   ~ на маши́не

294 Mantel

пальто́ *indekl.*
Sommermantel (Wintermantel)   ле́тнее ~ (зи́мнее ~)
Mütze, Pelzmütze   ша́пка, *G. Pl.* -пок
Handschuhe   перча́тки, -ток
Fausthandschuhe   ва́режки, -жек
Schal   шарф
Tuch   плато́к, -тка́

295 Anzug, Kostüm

костю́м
Trainings-, Jogginganzug   спорти́вный ~
Kostüm, Hosenanzug (Herrenanzug)   же́нский ~ (мужско́й ~)
Faschingskostüm   карнава́льный ~
Kostümjacke, Jackett   **жаке́т**
Jackett, Herrenjacke, Blazer   пиджа́к
Jacke, Anorak   ку́ртка, *G. Pl.* -ток
Hose, (lange) Hosen   брю́ки, брюк *Pl.*

danken **503** · Farben **93** ff. · gefallen **355** f. · kaufen **307** ff.

Jeans · джи́нсы, -сов *Pl.*
Leggings · лоси́ны, -йн *Pl.*
Shorts · шо́рты, шорт *Pl.*
Kleid · пла́тье
(Mini)Rock · (мини)ю́бка, *G. Pl.* -бок
Jeansrock · джи́нсовая юбка, *G. Pl.* -бок
Bluse · блу́зка, *G. Pl.* -зок
Pullover · сви́тер, пуло́вер
T-Shirt, Sporthemd · ма́йка, *G. Pl.* ма́ек (тишо́тка, *G. Pl.* -ток)

(Ober-)Hemd · руба́шка, *G. Pl.* -шек
Schlips, Krawatte · га́лстук

296 Strümpfe · чулки́, -ло́к
Strumpfhosen · колго́тки, -ток
Socken · носки́, -со́к
Kniestrümpfe · го́льфы, -фов

297 Badeanzug · купа́льный костю́м
Bikini · бики́ни *n. indekl.*
Badehose · пла́вки, -вок *Pl.*

298 Schuhwerk, Schuhe · о́бувь *f.*
Stiefel *(Schaftstiefel)* · сапоги́, -о́г *Pl.*
Stiefel *(Schnürstiefel)* · боти́нки, -нок *Pl.*
Stiefeletten · полуботи́нки, -нок
Halbschuhe, Damenschuhe · ту́фли, -фель
Sandaletten · сандале́ты, -ле́т
Turnschuhe · кроссо́вки, -вок

299 Modeschmuck · мо́дные украше́ния *Pl.*
Ohrringe (Ohrclips) · се́рьги (кли́псы)
Kette · цепо́чка, *G. Pl.* -чек
Armband, Armreif · брасле́т
Ring · кольцо́, *Pl.* ко́льца, коле́ц
Anhänger · брело́к, -лка́
Brosche · брошь *f.*

300 tragen · носи́ть → *unbest.*
eine Bluse (Ohrringe, eine Brille) tragen · ~ блу́зку (се́рьги, очки́)
Sie trägt oft Jeans. · Она́ ча́сто но́сит джи́нсы.
anziehen, aufsetzen · наде́ть (-е́ну, -е́нешь)/надева́ть
einen Ring (die Brille) aufsetzen · ~ кольцо́ (очки́)
ausziehen, ablegen, absetzen · снять (сниму́, сни́мешь)/снима́ть
den Mantel ablegen (die Schuhe aus-ziehen) · ~ пальто́ (~ ту́фли)
die Mütze (den Ring) absetzen · ~ ша́пку (кольцо́)
anprobieren · приме́рить/примеря́ть

Kleidung und Mode

Kleidung und Mode

301 Größe

Schuhgröße (Konfektionsgröße) 38
Halbschuhe in Größe 38
eine Nummer größer (kleiner)
Die Bluse **paßt** mir genau.
Die Bluse **sitzt** gut (bei dir).
Die Bluse ist mir **zu groß (zu klein)**.
Der Pullover ist mir **zu lang (sehr kurz)**.

размéр
38-ой размéр óбуви (одéжды)
тýфли 38-óго размéра
на одúн размéр бóльше (мéньше)
Блýзка мне **как раз**.
Блýзка *на тебé* (хорошó) **сидúт**.
Блýзка мне **великá (малá)**.
Пулóвер мне **слúшком длúнный
(óчень корóткий)**.

302 Geschmack

geschmackvoll, mit Geschmack
Das ist (nicht) nach meinem Geschmack.
Über Geschmack läßt sich (nicht) streiten.
in den Spiegel sehen
passen
Die Bluse paßt zu dir.
Die Bluse paßt zum Rock.
Die Bluse **steht dir gut**.

вкус
со вкýсом
Это мне (не) *по вкýсу.*
О вкýсах (не) спóрят.
по/смотрéть (-рю́, -ришь) **в зéркало
подходúть →** *uv.*
Блýзка *тебé* подхóдит (к лицý).
Блýзка подхóдит к ю́бке.
Блýзка **тебé идёт**.

303 Mode

Mode für junge Leute
heutige, jetzige (neueste) Mode
Jeansmode
Modenschau
Modeatelier
modern sein, (in) Mode sein
unmodern werden

мóда
молодёжная ~
совремéнная (послéдняя) ~
мóда *на джúнсы*
демонстрáция мод
ателье́ мод *indekl.*
быть → *uv.* **в мóде**
вы́йти → /**выходúть →** из мóды

304 Kosmetikartikel, Parfümerie
Creme
Gesichtscreme (Handcreme)
Parfüm (Eau de Cologne)
Deo(spray)
Er benutzt kein Deo.

парфюмéрия
крем
~ для лицá (~ для рук)
духú, -хóв *Pl.* (одеколóн)
дезодорáнт
Он *дезодорáнтом* не пóльзуется.

305 Schminkpalette
Lippenstift
Nagellack
Lidschatten
Make-up
Wimperntusche

космети́ческий набóр
губнáя помáда
лак для ногтéй
тéни для век *Pl., G.* -нéй
макия́ж
тушь *f.* **для ресни́ц**

306 Frisiersalon, Friseur
zum Friseur gehen *(regelmäßig)*
sich die **Haare** (die Wimpern) **färben**

gefärbte Haare

парикмáхерская
ходúть → *unbest.* в парикмáхерскую
по/крáсить (-áшу, -áсишь) себé
вóлосы (ресни́цы)
крáшеные вóлосы

Aussehen, Figur **197** ff. · Gesicht **204** · Körperpflege **213**
Haare **203** · Haarfarbe **95** f. · gefallen **355** f. · kaufen **307** ff.

307
bis
313

Einkäufe

307 Geschäft, Laden
Kaufhaus
Bäckerladen, Backwarengeschäft
Feinkost-, Delikatessengeschäft
Markt (Markt, **Basar**)
Kiosk, Verkaufsstand
auf dem Markt (am Kiosk) kaufen

магази́н
универма́г, универса́льный магази́н
бу́лочная
гастроно́м
ры́нок, -нка (база́р)
кио́ск
купи́ть (-плю́, -пишь)/покупа́ть на
ры́нке *(в кио́ске)*

308 Der Kiosk **ist** von 10 bis 20 Uhr
geöffnet.
Das Kaufhaus **ist** wegen Rekonstruktion
geschlossen.
Das Geschäft **ist** täglich **geöffnet.**
Sonntags **geschlossen (Ruhetag).**

Кио́ск **откры́т** с 10-и до 20-и часо́в.

Универма́г **закры́т** *на ремо́нт.*

Магази́н **рабо́тает** ежедне́вно.
Выходно́й день – воскресе́нье.

309 verkaufen
Jeans in Ihrer Größe sind **ausverkauft.**
Verkäufer(in)
Sommer-(Winter-)schlußverkauf

прода́ть → /продава́ть →
Джи́нсы *ва́шего разме́ра* **про́даны.**
продаве́ц, -вца́ **(продавщи́ца)**
ле́тняя (зи́мняя) распрода́жа

310 **es gibt**, es ist, es existiert
Wir haben neue Videos.
es gibt nicht, es gibt kein …
Die neue CD gibt es noch nicht.
erscheinen

Jetzt erscheinen in den Geschäften immer
mehr einheimische Erzeugnisse.
Schaufenster, Vitrine
im Schaufenster **ausstellen**

есть *(3. Person)*
У нас есть но́вые ви́дики.
нет *кого, чего?*
Но́вого ди́ска пока́ нет.
появи́ться (-влю́сь, -вишься)/
появля́ться
Тепе́рь в магази́нах всё бо́льше
появля́ются ме́стные изде́лия.
витри́на
вы́ставить (-влю -вишь)/**выстав-**
ля́ть в витри́не

311 **Auswahl**, Wahl
eine Wahl treffen, sich entscheiden
aussuchen, auswählen, wählen
eine Kassette aussuchen

вы́бор
с/де́лать вы́бор
вы́брать (-беру, -берешь)/**выбира́ть**
~ кассе́ту

312 brauchen, benötigen
Ich brauche ein neues Wörterbuch.
Er brauchte Geld.
Sie werden (Ihr werdet) Hilfe brauchen.
nötig, erforderlich **(unnötig)**

ну́жен, нужна́, ну́жно, нужны́
Мне ну́жен но́вый слова́рь.
Ему́ нужны́ бы́ли де́ньги.
Вам нужна́ бу́дет по́мощь.
ну́жный (ненужный)

313 suchen
Wen (Was) suchen Sie?
finden
Haben Sie gefunden, was Sie suchten?

иска́ть (ищу́, и́щешь) *uv.*
Кого́ (Что) вы и́щете?
найти́ → /**находи́ть** →
Вы нашли́, что иска́ли?

314 Qualität, Eigenschaft
Material von ausgezeichneter Qualität
Quantität, Anzahl, Menge
eine große Menge an Lebensmitteln
Bestand, Vorrat (Warenvorrat)
Mangel, Fehlen, Fehler, Defekt
ernste Mängel, Fehler haben

ка́чество
материа́л отли́чного ка́чества
коли́чество
большо́е коли́чество проду́ктов
запа́с (~ това́ров)
недоста́ток, -ка
име́ть *uv.* серьёзные недоста́тки

315 kaufen, einkaufen
Lebensmittel auf dem Markt kaufen
von einem Bekannten einen Computer kaufen
Käufer(in)
bekommen, erhalten
nehmen, *auch:* ausleihen

Ich nehme dieses Parfüm.

купи́ть (-плю́, -пишь)/**покупа́ть**
~ проду́кты на ры́нке
~ у знако́мого компью́тер

покупа́тель
получи́ть/получа́ть
взять (возьму́, возьмёшь)/**брать**
(беру́, берёшь)
Я возьму́ э́ти духи́.

316 Ich möchte mir einen Samowar kaufen.
Haben Sie russische Zeitungen?
Haben Sie keine Zeitungen in russischer Sprache?
Zeigen Sie mir bitte das Buch!
Geben Sie mir bitte das Buch!

Я хочу́ купи́ть себе́ самова́р.

У вас есть ру́сские газе́ты?
Нет ли у вас *газе́т на ру́сском языке́?*

Покажи́те мне, пожа́луйста, кни́гу!
Да́йте мне, пожа́луйста, кни́гу!

317 Preis
hoher (niedriger) Preis
staatlich festgesetzter Preis
Marktpreis
einen Recorder zu einem hohen Preis kaufen
Preissteigerung

цена́ *Pl.* це́ны
высо́кая (ни́зкая) ~
госуда́рственная ~
ры́ночная ~
купи́ть (-плю́, -пишь)/покупа́ть
кассе́тник *за высо́кую це́ну*
рост цен

318 kosten, wert sein, sich lohnen
Wieviel kostet (kosten) …?
nichts wert sein
Es lohnt sich nicht.
teuer (preiswert), billig
billig
Es ist teuer (billig).
zu teuer (zu billig)
teurer (billiger) als …
Rechnung, Berechnung, Abrechnung
eine Berechnung anstellen, kalkulieren
kostenlos, unentgeltlich
kostenlos Lebensmittel erhalten

сто́ить (сто́ит, сто́ят) *uv.*
Ско́лько сто́ит (сто́ят) …?
ничего́ не сто́ить
Не сто́ит.
дорого́й (недорого́й)
дешёвый
Сто́ит до́рого (дёшево).
сли́шком до́рого (сли́шком дёшево)
доро́же (деше́вле), чем …
расчёт
с/де́лать расчёт
беспла́тный
получи́ть/получа́ть проду́кты беспла́тно

319 **bezahlen**, zahlen
den Einkauf bezahlen
Kredit
auf Kredit kaufen
Kasse
Zahlen Sie an der Kasse!
Wieviel bekommen Sie von mir?
Ich bekomme von Ihnen insgesamt …

за/плати́ть (-ачу́, -а́тишь)
~ *за поку́пку*
креди́т
брать (беру́, берёшь) *uv.* в креди́т
ка́сса
Плати́те в *ка́ссу!*
Ско́лько с меня́?
С вас всего́ …

320 **Geld**
Taschengeld
verdienen
genug (Geld) zum Leben verdienen
Geld borgen (von jmdm.)

де́ньги, де́нег *Pl.*
карма́нные ~
зарабо́тать/зараба́тывать
~ доста́точно *(де́нег) на жизнь*
заня́ть (займу́, займёшь; за́нял,
заняла́, за́няли)/**занима́ть де́ньги**
у кого?

aufheben
Geld für den Urlaub zurücklegen

оста́вить (-влю, -вишь)/**оставля́ть**
~ де́ньги *на о́тпуск*

321 **Banknote (Münze)**
Valuta
Rubel
Kopeke *(ehem. kleinste russ. Münze)*
Mark (Deutsche Mark, DM)
Pfennig
Summe
eine bedeutende Geldsumme

банкно́та (моне́та)
валю́та
рубль, -ля́, *Pl.* рубли́, -е́й
копе́йка, *G. Pl.* -пе́ек
ма́рка, *G. Pl.* -рок (до́йче-ма́рка, ДМ)
пфе́нниг
су́мма
значи́тельная су́мма *де́нег*

322 **besitzen**, haben
ein Motorrad besitzen
ein Recht haben (eine Bedeutung haben)
Ich habe (Ich besitze) einige Videos.
Ich habe (Ich besitze) **keine** Videos.

име́ть *uv.*
~ мотоци́кл
~ пра́во (~ значе́ние)
У меня́ есть не́которые ви́дики.
У меня́ нет *ви́диков.*

323 **gehören** (jmdm.)
Das Gebäude gehört der Stadt.
gehören (zu jmdm., etw.)
Er gehört zu den besten Sportlern des
Landes.
eigen, Eigen-
mein (dein, unser, euer)
sein (ihr Sg., **ihr** Pl.)
mein, dein … **eigener** *(subjektbezogen)*
privat, *auch:* Teil-, Einzel-

принадлежа́ть *uv.* (-жу́, -жи́шь) *кому?*
Зда́ние принадлежи́т го́роду.
принадлежа́ть *uv.* к кому, к чему?
Он принадлежи́т к лу́чшим спорт-
сме́нам страны́.
со́бственный
мой (твой, наш, ваш)
его́ (её, их)
свой
ча́стный

324 **verlieren**
den Schlüssel (den Paß) verlieren
Verlier die Tasche nicht!

по/теря́ть
~ ключ (па́спорт)
Не потеря́й су́мку!

Charakter und Gefühle

325 **Charakter**, Wesen
ein starker (schwacher) Charakter
ein Mensch mit Charakter
(ohne Charakter)
(einen komplizierten) Charakter haben
Charakterstärke
Charakterzug

хара́ктер
си́льный (сла́бый) ~
челове́к с хара́ктером
(без хара́ктера)
име́ть *uv.* (сло́жный) хара́ктер
си́ла хара́ктера
черта́ хара́ктера

326 **Charakteristik**
eine Charakteristik geben

характери́стика
дать →/дава́ть → характери́стику
кому?

charakterisieren

характеризова́ть (-зу́ю, -зу́ешь)
v. uv. кого, что?

handelnde Personen charakterisieren
charakteristisch
Das ist charakteristisch für ihn.
typisch

~ де́йствующих лиц
характе́рно, характе́рный
Э́то характе́рно для него́.
типи́чно, типи́чный

327 **wirklich**, echt, wahr
ein wahrer Künstler
grundsätzlich, prinzipiell
ein Mensch mit festen Grundsätzen
absolut

настоя́щий
~ худо́жник
принципиа́льно, принципиа́льный
принципиа́льный челове́к
абсолю́тно, абсолю́тный

328 **Manieren**, Benehmen
Er hat gute (schlechte) Manieren.
Du hast eine seltsame Art.
sich verhalten, sich benehmen
sich höflich benehmen
sich gewöhnen, gewöhnt sein (an jmdn.,
an etw.)
Ich bin gewöhnt, früh aufzustehen.
Wir haben uns an die neue Situation
gewöhnt.
Wir werden uns daran gewöhnen.

мане́ры, -не́р *Pl.*
У него́ хоро́шие (плохи́е) мане́ры.
У тебя́ стра́нная мане́ра.
вести́ → **себя́** *best.*
~ ве́жливо
привы́кнуть (-кну, -кнешь; -вы́к,
-вы́кла)/**привыка́ть** *к кому, к чему?*
Я привы́к(ла) ра́но встава́ть.
Мы привы́кли к но́вой ситуа́ции.

Мы к э́тому привы́кнем.

allgemeine Wertung **97** ff.

329 Verantwortung
die Verantwortung auf sich nehmen

Verantwortung tragen
zuverlässig, sicher, *auch:* hoffnungsvoll
ernsthaft, ernst
genau
akkurat

330 Ehrlichkeit
ehrlich (unehrlich)
Ehrenwort!
Wahrheit (Unwahrheit)
die reine (die ganze) Wahrheit sagen

direkt, gerade, geradlinig
eine direkte Antwort

331 **fleißig**, arbeitsam
fleißig, sorgfältig
sich bemühen, etwas versuchen
Ich werde mich bemühen, nicht zu spät
zu kommen.
faul, träge

332 **selbständig**
eine selbständige Entscheidung
selbständig arbeiten
Initiative
die Initiative ergreifen

auf eigene (in eigener) Initiative
initiativ
aktiv (passiv)
eine passive Rolle spielen
Unternehmungsgeist
unternehmungslustig

333 Wille
Willensstärke, Willenskraft
wollen

Du willst doch, daß alles gut wird.
Ich würde gern …
Ich möchte …
sich beherrschen

отве́тственность *f. за кого, за что?*
взять (возьму́, возьмёшь; взял, взяла́,
взя́ли)/брать (беру́, берёшь) на себя́ ~
нести́ → *best.* ~
надёжный
серьёзный
то́чный
аккура́тный

че́стность *f.*
че́стный (нече́стный)
Че́стное сло́во!
пра́вда (непра́вда)
сказа́ть (-ажу́, -а́жешь)/говори́ть
чи́стую (всю) пра́вду
прямо́й
~ отве́т

трудолюби́вый
стара́тельный
по/стара́ться
Я постара́юсь не опозда́ть.

лени́вый

самостоя́тельный
самостоя́тельное реше́ние
рабо́тать *uv.* самостоя́тельно
инициати́ва
взять (возьму́, возьмёшь; взял, взяла́,
взя́ли)/брать (беру́, берёшь)
инициати́ву в свои́ ру́ки
по со́бственной инициати́ве
инициати́вный
акти́вный (пасси́вный)
игра́ть *uv.* пасси́вную роль
предприи́мчивость *f.*
предприи́мчивый

во́ля
си́ла во́ли
хоте́ть (хочу́, хо́чешь, хо́чет, хоти́м,
хоти́те, хотя́т) *uv.*
Ты же хо́чешь, чтобы всё *бы́ло* хорошо́.
Я хоте́л(а) бы … Мне хоте́лось бы …
Мне хо́чется …
взять (возьму́, возьмёшь; взял, взяла́,
взя́ли) *v.* себя́ в ру́ки

allgemeine Wertung **97** ff. · Toleranz **149**
Vertrauen, Treue **249** f. · Betrug **171**

Charakter und Verhalten

334 Entschlossenheit
Entschlossenheit demonstrieren
entschlossen, entschieden
tapfer, mutig, entschlossen
mutig

реши́тельность *f.*
про/демонстри́ровать (-рую, -руешь) ~
реши́тельный
сме́лый
му́жественный

335 vorsichtig, behutsam
Er ist ein sehr vorsichtiger Mensch.
Vorsicht!
schüchtern, scheu, ängstlich
Angst
vor Angst
(sich) fürchten, Angst haben

осторо́жный
Он челове́к о́чень осторо́жный.
Осторо́жно!
ро́бкий
страх
от стра́ха
боя́ться (бою́сь, бои́шься) *uv. кого, чего?*

336 ruhig (unruhig)
ruhige Nachbarn
sich aufregen, sich beunruhigen, unruhig sein
sich der Eltern wegen aufregen
Machen Sie sich keine Sorgen!

споко́йный (беспоко́йный)
споко́йные сосе́ди
волнова́ться (-ну́юсь, -ну́ешься) *uv. о ком, о чём?*
~ о роди́телях
Не волну́йтесь!

337 temperamentvoll
lebhaft, lebendig
gesprächig, redselig
gesellig, mitteilsam
verschlossen

темпера́ментный
живо́й
разгово́рчивый
общи́тельный
за́мкнутый

338 Freundlichkeit
freundlich (unfreundlich)
Bescheidenheit
bescheiden (unbescheiden)
angenehm (unangenehm)
lieb, nett, *auch:* Liebster
Höflichkeit
höflich (unhöflich)

приве́тливость *f.*
приве́тливый (неприве́тливый)
скро́мность *f.*
скро́мный (нескро́мный)
прия́тный (неприя́тный)
ми́лый
ве́жливость *f.*
ве́жливый (неве́жливый)

339 Güte
gut, gütig
herzlich
Herz
von ganzem Herzen

доброта́
до́брый
серде́чный
се́рдце
от всего́ се́рдца

340 Grobheit
Grobheiten sagen
grob
böse
schrecklich

гру́бость *f.*
сказа́ть (-ажу́, -а́жешь) *v.* гру́бости
гру́бый
злой
стра́шный

341 Stimmung, Laune
schlechter Laune sein
nicht bei Stimmung sein
(Jmd. hat) **Keine Lust** zum Spielen
Er ist nicht **in Form**.

настроение
быть → *uv. в плохом настроении*
быть → *uv.* не в настроении
нет настроения игра́ть
Он не **в фо́рме**.

342 Gefühl
ein Gefühl von Freiheit
ein feines Gefühl für Ironie
fühlen, empfinden
sich fühlen
sich als Sieger fühlen

чу́вство
~ *свобо́ды*
то́нкое чу́вство *иро́нии*
по/чу́вствовать (-вую, -вуешь)
чу́вствовать (-вую, -вуешь) *uv.* **себя́**
~ *победи́телем*

343 froh, erfreut
Ich freue mich sehr über dich.
froh (**lebensfroh**, lebenslustig)
sich freuen

Er freute sich über dieses Geschenk.
fröhlich
zufrieden (unzufrieden)
Er ist (Sie ist) zufrieden.

рад, ра́да, ра́ды *кому, чему?*
Я *тебе́* о́чень рад (ра́да).
ра́достный (жизнера́достный)
об/ра́доваться (-дуюсь, -дуешься)
кому, чему?
Он обра́довался *э́тому пода́рку.*
ве́село, весёлый
дово́льный (недово́льный)
Он дово́лен (Она́ дово́льна) *кем, чем?*

344 traurig, betrüblich
Ich bin traurig. Mir ist traurig zumute.
zu weinen anfangen
weinen

гру́стный
Мне гру́стно.
запла́кать (-а́чу, -а́чешь) *v.*
пла́кать (-а́чу, -а́чешь) *uv.*

345 Glück
glücklich
Sie hat in allem Glück.
Unglück
Es passierte ein Unglück.
unglücklich
Unglücksfall

сча́стье
счастли́вый
Ей во всём везёт.
несча́стье
Случи́лось несча́стье.
несча́стный
несча́стный слу́чай

346 Mitleid
aus Mitleid
Es ist **schade** (Es **tut** mir **leid**), daß …
Du tust mir leid.
bemitleiden, bedauern
leider
arm, bedauernswert

жа́лость *f.*
из жа́лости
Жаль, что …
Мне жаль *тебя́.*
по/жале́ть *кого?*
к сожале́нию
бе́дный

347 Einstellung, Beziehung, Verhältnis
eine herzliche Beziehung
Beziehungen zwischen Menschen ver-
schiedener Nationalitäten

отноше́ние
тёплое ~
отноше́ния ме́жду людьми́ ра́зных
национа́льностей

Befindlichkeit und Gefühl

Einstellung und Zuwendung

sich verhalten

ОТНЕСТИ́СЬ → /ОТНОСИ́ТЬСЯ → к кому,
к чему?

sich dem Gast gegenüber aufmerksam
verhalten
einander
einander verstehen
einander gefallen

miteinander sprechen

~ к го́стю внима́тельно

друг дру́га ...
понима́ть uv. друг дру́га
по/нра́виться (-влюсь, -вишься) друг
дру́гу
говори́ть uv. друг с дру́гом

348 Zuneigung, Sympathie
große Sympathie empfinden

sympathisch
Abneigung, Antipathie
Sie hat eine Abneigung gegen ihn.

симпа́тия к кому, к чему?
по/чу́вствовать (-вую, -вуешь)
большу́ю симпа́тию к кому, к чему?
симпати́чный
антипа́тия к кому, к чему?
У неё к нему́ антипа́тия.

349 gleichgültig
Er ist gleichgültig gegenüber den
Klassenkameraden.
Egoist(in)
Karrierist(in)
Er ist anscheinend ein Karrierist.

равноду́шный
Он равноду́шен к однокла́ссникам.

эгои́ст(ка)
карьери́ст(ка)
Он, ка́жется, карьери́ст.

350 Interesse
Interesse an anderen Kulturen
sich interessieren (für jmdn., etw.)

Ich interessiere mich für Literatur.
interessieren (jmdn.)
Dich interessiert dieses Thema wahr-
scheinlich nicht.
interessant
uninteressant
langweilig
Mir ist langweilig. Ich habe Langeweile.

интере́с
~ к други́м культу́рам
интересова́ться (-су́юсь, -су́ешься)
uv. кем, чем?
Я интересу́юсь литерату́рой.
за/интересова́ть (-су́ю, -су́ешь) кого?
Тебя́, наве́рно, э́та те́ма не
интересу́ет.
интере́сно, интере́сный
неинтере́сно, неинтере́сный
ску́чно, ску́чный
Мне ску́чно.

351 Aufmerksamkeit, Beachtung
beachten, Beachtung schenken

Sie schenkte ihm lange überhaupt keine
Beachtung.
aufmerksam, respektvoll

внима́ние
обрати́ть (-ащу́, -ати́шь)/обраща́ть
внима́ние на кого, на что?
До́лгое вре́мя она́ совсе́м не
обраща́ла на него́ внима́ния.
внима́тельно, внима́тельный

352 Hilfe, Unterstützung
helfen

den Nachbarn bei der Arbeit helfen

по́мощь f.
помо́чь (-огу́, -о́жешь; -о́г, -огла́)/
помога́ть кому? в чём?
~ сосе́дям в рабо́те

unterstützen, beistehen, unterhalten

einen Vorschlag unterstützen
Nutzen
Nutzen bringen
nützlich
Das war sehr nützlich.

поддержа́ть (-ержу́, -е́ржишь)/
подде́рживать *кого, что?*
~ предложе́ние
по́льза
принести́ → /приноси́ть → по́льзу *кому?*
поле́зный
Э́то бы́ло о́чень поле́зно.

353 Achtung, Hochachtung, Respekt
mit großer (Hoch-)Achtung
achten (jmdn., etw. wegen etw.)
Ich achte ihn wegen seiner Willensstärke.

уваже́ние
с глубо́ким уваже́нием
уважа́ть *uv. кого, что? за что?*
Я уважа́ю его́ за си́лу во́ли.

354 Eindruck
Eindruck machen, beeindrucken

Das Buch beeindruckt (beeindruckte)
mich sehr.
beeinflussen

впечатле́ние
произвести́ →/производи́ть
→ впечатле́ние *на кого?*
Кни́га произво́дит (произвела́)
на меня́ глубо́кое впечатле́ние.
по/влия́ть *на кого, на что?*

355 gefallen

Mir gefällt (gefiel) die Serie.
Mir gefällt besser (weniger) …
Mir liegen Krimis **mehr.**
Ich bin für Werbung (**gegen** Werbung)
im Fernsehen.
Ich **halte** Hardrock nicht **aus.**

по/нра́виться (-влюсь, -вишься)
кому?
Мне нра́вится (понра́вилась) се́рия.
Мне бо́льше (ме́ньше) нра́вится …
Мне бли́же детекти́вы.
Я за рекла́му (**про́тив** рекла́мы)
по телеви́дению.
Я не **выношу́** ха́рд-рок.

356 mögen, lieben, gern haben,
auch: gern tun
Ich mag Bücher. (Ich lese gern.)
beliebt, Lieblings-
schätzen, *auch:* einschätzen, beurteilen
Beurteilung, Bewertung
hoch einschätzen

люби́ть (-блю́, -бишь) *uv. кого, что?*

Я люблю́ кни́ги. (Я люблю́ чита́ть.)
люби́мый
оцени́ть/оце́нивать *кого, что?*
оце́нка, *G. Pl.* -нок
дать → /дава́ть → высо́кую оце́нку
кому?

Entzücken, Begeisterung
bei den Zuschauern Begeisterung her-
vorrufen
Begeisterung, Eifer
sich begeistern
sich für Musik begeistern
Für Fernsehen kann ich mich nicht
begeistern.
begeistert sein

Ich war von diesem Film begeistert.

восхище́ние
вы́звать (-зову, -зовешь)/вызыва́ть
у зри́телей ~
увлече́ние
увлека́ться *uv. кем, чем?*
~ му́зыкой
Я не увлека́юсь *телеви́дением.*

быть → *uv.* **в восто́рге** *от кого,
от чего?*
Я бы́л(а́) в восто́рге от э́того фи́льма.

Einstellung und Zuwendung

Anerkennung und Popularität · Einstellung

357 Traum, Wunschtraum
ein Traum vom Glück
träumen, schwärmen
von einer Amerikareise träumen

мечта́
~ о сча́стье
мечта́ть *uv. о ком, о чём?*
~ о путеше́ствии в Аме́рику

358 hoffen

наде́яться (-е́юсь, -е́ешься) *uv.*
на кого, на что?

optimistisch
pessimistisch
Optimist(in), Pessimist(in)
Er war sein Leben lang Pessimist.

оптимисти́ческий
пессимисти́ческий
оптими́ст(ка), пессими́ст(ка)
Всю жизнь он был *пессими́стом.*

359 Überzeugung, Zuversicht
Überzeugung von den eigenen Kräften
überzeugt, sicher **(unsicher)**
ein selbstbewußter Mensch
überzeugend

уве́ренность *f.*
~ в свои́х си́лах
уве́ренный (неуве́ренный)
уве́ренный в себе́ челове́к
убеди́тельный

360 Stolz
stolz
stolz sein (auf jmdn., etw.)

Würde (mit Würde, würdevoll)
Ehre (ehrenvoll)

го́рдость *f.*
го́рдый
горди́ться (-ржу́сь, -ди́шься) *uv.*
кем, чем?
досто́инство (с досто́инством)
честь *f.* (с че́стью)

361 Prestige, Ansehen
Ansehen genießen
angesehen (nicht angesehen)
ein Beruf von geringem Ansehen
einen guten Ruf haben
Erfolg
Erfolg haben
Autorität
Autorität genießen

прести́ж
име́ть *uv.* прести́ж
прести́жный (непрести́жный)
малопрести́жная профе́ссия
име́ть *uv.* до́брое и́мя
успе́х
име́ть *uv.* ~
авторите́т
по́льзоваться (-зуюсь, -зуешься) *uv.*
авторите́том

362 Popularität
sich großer Popularität erfreuen

популя́рность *f.*
по́льзоваться (-зуюсь, -зуешься) *uv.*
большо́й популя́рностью

populär, beliebt
Bekanntheit, Bekanntheitsgrad
ein weltbekannter Schauspieler
berühmt (nicht berühmt), **(un)bekannt**
ein allen bekannter Politiker
berühmt, bekannt
ein berühmter Schriftsteller
(persönlich) **bekannt (unbekannt)**
Wir kennen uns von Kindheit an.

популя́рный
изве́стность *f.*
арти́ст с мирово́й изве́стностью
изве́стный (неизве́стный)
всем изве́стный поли́тик
знамени́тый
~ писа́тель
знако́мый (незнако́мый)
Мы знако́мы с де́тства.

Freiheit, Unabhängigkeit **153** f. · jmdn. kennen **369**
Kultur, Medien **434** ff.

Denken und Kommunikation

363 Fähigkeit, Begabung
eine Studentin mit großen Fähigkeiten
Sie hat eine große mathematische Bega-
bung.
geeignet, begabt
ungeeignet, unbegabt
Er ist sprachbegabt.
kompetent (inkompetent)
ein kompetenter Fachmann
talentiert, begabt
ein begabter Architekt

спосо́бность f.
студе́нтка с больши́ми спосо́бностями
Она́ отлича́ется *математи́ческими*
спосо́бностями.
спосо́бный
неспосо́бный
Он спосо́бен *к языка́м*.
компете́нтный (некомпете́нтный)
~ специали́ст
тала́нтливый
~ архите́ктор

364 können, fähig sein, imstande sein
polnisch sprechen können
können, in der Lage sein
Morgen kann ich mich nicht mit dir
treffen.
Möglichkeit
die Möglichkeit bekommen, …
es ist möglich, man kann, man darf
Kann man hier baden?

уме́ть *uv.*
~ говори́ть по-по́льски
с/мочь (могу́, мо́жешь; мог, могла́)
За́втра я не смогу́ встре́титься
с тобо́й.
возмо́жность f.
получи́ть/получа́ть ~
мо́жно
Здесь мо́жно купа́ться?

365 Erfahrung
reiche (Lebens-)Erfahrung
aus Erfahrung wissen
seine Erfahrungen weitergeben

о́пыт
бога́тый (жи́зненный) о́пыт
знать *uv. по о́пыту*
переда́ть → /передава́ть → свой о́пыт
кому?

366 Vielseitigkeit
Seine Vielseitigkeit ist bewundernswert.
Einseitigkeit
vielseitig
eine vielseitige Bildung
einseitig
ein einseitiges Urteil

разносторо́нность f.
Его́ разносторо́нность удиви́тельна.
односторо́нность f.
разносторо́нний
разносторо́ннее образова́ние
односторо́нний
односторо́нняя оце́нка

Denken **Verstand**

367 Verstand	ум
ein scharfer Verstand	о́стрый ~
mit Verstand tun	с/де́лать с умо́м
klug	у́мный
scharfsinnig	остроу́мный
schwachsinnig	слабоу́мный
dumm	глу́пый
Dummkopf	дура́к, -á
Unsinn, dummes Zeug	ерунда́
368 Intelligenz, *auch:* Intellektuelle	интеллиге́нция
gebildet, intelligent	интеллиге́нтный
Kultur	культу́ра
kultiviert, kulturell, Kultur-	культу́рный
ein kultivierter, gebildeter Mensch	~ челове́к
kulturelle Interessen	культу́рные интере́сы
369 Kenntnis, Wissen	зна́ние
wissen, kennen	знать *uv. кого, что? (о ком, о чём?)*
vom Ansehen kennen	~ в лицо́ кого?
Er wußte nichts darüber.	Он ничего́ не знал об э́том.
erkennen, erfahren, kennenlernen	узна́ть (-áю, -áешь)/**узнава́ть** (-наю́, -наёшь)
eine Adresse in Erfahrung bringen	~ а́дрес
einen alten Bekannten wiedererkennen	~ ста́рого знако́мого
370 denken, nachdenken, überlegen	по/**ду́мать** *о ком, о чём? над чем?*
über die Vergangenheit nachdenken	~ о про́шлом
über einen Aufsatz nachdenken	~ над сочине́нием
sich den Kopf zerbrechen	лома́ть *uv.* го́лову *над чем?*
sich vorstellen *(im Geist)*	предста́вить (-влю, -вишь) **себе́/ представля́ть себе́**
sich seine Zukunft vorstellen	~ своё бу́дущее
Stellen Sie sich die folgende Situation vor: …	Предста́вьте себе́ сле́дующую ситуа́цию: …
Vorstellung	представле́ние
keinerlei Vorstellung haben (von jmdm., etw.)	*не* име́ть *никако́го представле́ния о ком, о чём?*
371 Idee, Einfall	иде́я
viele neue Ideen	мно́го но́вых иде́й
Gedanke	мысль *f.*
der Gedanke an die Zukunft	~ о бу́дущем
Das ist ein interessanter Gedanke!	Вот интере́сная мысль!
Sinn, Bedeutung	смысл
im direkten Sinn des Wortes	в прямо́м смы́сле сло́ва
im übertragenen Sinn	в перено́сном смы́сле
keinen Sinn haben	*не* име́ть *uv. смы́сла*

372 verstehen, begreifen

verständlich (unverständlich)
Das ist mir (un)verständlich.
bemerken, merken
Fehler bemerken

373 Gedächtnis, Erinnerung
ein kurzes Gedächtnis
in Gedenken, zu Ehren
sich erinnern
sich an die Vergangenheit erinnern
Ich erinnere mich nicht, …
sich merken, behalten, sich einprägen
sich alle Einzelheiten einprägen
vergessen

den Namen des Films vergessen
das Wichtigste vergessen

374 Mitteilung
mitteilen, Mitteilung machen

eine Neuigkeit mitteilen
dem Freund die Entscheidung mitteilen
ausdrücken, äußern
seinen Protest zum Ausdruck bringen

375 sagen, sprechen, reden
Das ist schon gesagt worden.
einige Zeit sprechen
Rede
eine Rede halten

erzählen

Erzählung
über, von, an
über seinen Lehrer reden
von der Wanderung erzählen

an die Zukunft denken

376 Wiederholung
wiederholen
zitieren
wiedergeben, übermitteln, auch: senden
mit eigenen Worten wiedergeben

поня́ть (пойму́, поймёшь; по́нял,
поняла́, по́няли)/**понима́ть**
поня́тный (непоня́тный)
Это мне (не)поня́тно.
заме́тить (-е́чу, -е́тишь)/**замеча́ть**
~ оши́бки

па́мять f.
коро́ткая ~
в па́мять кого, чего?
по́мнить uv. кого, что? о ком, о чём?
~ про́шлое, ~ о про́шлом
Не по́мню, …
запо́мнить/запомина́ть
~ все подро́бности
забы́ть → /**забыва́ть** кого, что?
о ком, о чём?
~ назва́ние фи́льма
~ о са́мом гла́вном

сообще́ние
сообщи́ть/сообща́ть кому? что?
о ком, о чём?
~ но́вость
~ дру́гу о реше́нии
вы́разить (-ажу, -азишь)/**выража́ть**
~ свой проте́ст

сказа́ть (-ажу́, -а́жешь)/**говори́ть**
Это уже́ ска́зано.
поговори́ть v.
речь f., G. Pl. рече́й
вы́ступить (-плю, -пишь)/**выступа́ть**
с ре́чью
рассказа́ть (-кажу́, -ка́жешь)/
расска́зывать кому? что? о чём?
расска́з
о ком, чём?
говори́ть uv. об учи́теле
рассказа́ть (-кажу́, -ка́жешь)/рас-
ска́зывать о похо́де
по/ду́мать о бу́дущем

повторе́ние
повтори́ть/повторя́ть
про/цити́ровать (-рую, -руешь)
переда́ть → /**передава́ть →**
~ свои́ми слова́ми

Aufgaben bearbeiten **415** ff. · Häufigkeit **50** f.

Gespräch und Meinung

377 Gespräch
ein nichtssagendes Gespräch
ein Gespräch **führen**
sich unterhalten
Gespräch, Diskussion
Gesprächspartner(in)
erörtern, diskutieren
politische Probleme diskutieren
Konferenz
an einer Konferenz teilnehmen

schwatzen
stundenlang schwatzen

разгово́р
пусто́й ~
вести́ → best. ~
разгова́ривать uv.
бесе́да
собесе́дник (собесе́дница)
обсуди́ть (-ужу́, -у́дишь)/ обсужда́ть
~ полити́ческие пробле́мы
конфере́нция
уча́ствовать (-вую, -вуешь) uv. в
конфере́нции
болта́ть uv.
~ часа́ми

378 Frage
Fragen stellen
fragen, sich erkundigen

den Verkäufer nach dem Preis fragen
Erkundigen Sie sich bei der Kassiererin!
ob
Frage, ob er kommt!
Befragung, Umfrage
eine Meinungsumfrage **durchführen**

Antwort
antworten

Absage, Ablehnung
eine grundsätzliche Ablehnung

вопро́с
зада́ть → /задава́ть → вопро́сы
спроси́ть (-ошу́, -о́сишь)/**спра́шивать**
кого? у кого? о ком, о чём?
~ продавца́ *о цене́*
Спроси́те у касси́рши!
ли
Спроси́, придёт ли он?
опро́с
провести́ → /**проводи́ть** → опро́с
мне́ний
отве́т
отве́тить (-е́чу, -е́тишь)/**отвеча́ть**
кому? на что?
отка́з *от чего?*
принципиа́льный отка́з

379 Ja. (Nein.)
(Das) **Stimmt** genau. Das ist wahr.
Ganz **richtig**.
Genauso ist es.
Es ist **wirklich** so.
Natürlich. (Unbedingt.)
In Ordnung! Abgemacht!
Gut. Meinetwegen.
Ich habe **nichts dagegen**.
Alles **klar**.
Einverstanden. Gut. O. k.
Ich bin mit dir (nicht) einverstanden.
Du **hast** (nicht) **recht**.
Kann sein. Vielleicht.
Wie Sie wollen! Wie Ihr wollt!
Im Prinzip ja.
Keinesfalls.

Да. (Нет.)
Пра́вда.
Это совсе́м **пра́вильно**.
То́чно так.
Это **действи́тельно** так.
Коне́чно. (Обяза́тельно.)
Договори́лись!
Ла́дно.
Я **не про́тив**.
Всё **я́сно**.
Согла́сен. Согла́сна. Согла́сны.
Я с тобо́й (не) согла́сен (согла́сна).
Ты (не) **прав(а́)**.
Мо́жет быть.
Как хоти́те!
В при́нципе да.
Ни в ко́ем слу́чае.

Telefongespräch **522** · Geschäftsberatung **182** · Interview **482**
Begrüßung **508** · Verabschiedung **515** · Glückwünsche **499** ff.

So etwas gibt es nicht.	Так не быва́ет.	**380** bis **382**
Umgekehrt. Im Gegenteil.	**Наоборо́т.**	
Wo denkst du hin! (Na und?)	**Ну, что ты? (Ну и что же?)**	
Was (ist das) für eine Frage!	**Ну, что за вопро́с!**	

380 Meinung
мне́ние
eine subjektive (objektive) Meinung
субъекти́вное (объекти́вное) ~
eine hohe Meinung haben
быть → *uv.* высо́кого мне́ния о ком,
о чём?

Meiner Meinung nach …
По моему́ мне́нию …
По-мо́ему …

Deiner (eurer, Ihrer) Meinung nach …
По-тво́ему (по-ва́шему) …
Sicht, Anschauung, Ansicht, Meinung
взгляд *на кого, на что?*
Lebensauffassung
~ *на жизнь*
Meiner Ansicht nach …
На мой взгляд …
meinen, *auch:* zählen, rechnen
счита́ть *uv.*
halten (jmdn. für etw.)
счита́ть *uv. кого, что? кем, чем?*
Ich halte ihn für einen Egoisten.
Я счита́ю его́ *эго́истом.*
(etw.) **halten** (von jmdm.)
по/смотре́ть (-рю́, -ришь) *на кого,
на что?*

Was halten Sie von meinem Vorschlag?
Как вы смо́трите *на моё предложе́ние?*
Sache, Angelegenheit
де́ло, *Pl.* дела́
Das ist (nicht) meine Angelegenheit.
Это (не) моё де́ло.
Die Sache ist die, daß …
Де́ло *в том,* что …

381 erklären, erläutern
объясни́ть/объясня́ть
eine Tabelle erläutern
~ табли́цу
erklären, bekanntgeben, verkünden
объяви́ть (-влю́, -вишь)/ **объявля́ть**
что? о чём?
den Beginn des Unterrichts bekannt-
geben
~ о нача́ле заня́тий

den Krieg erklären
~ войну́
Erklärung, Bekanntmachung
объявле́ние

382 vergleichen
сравни́ть/сра́внивать *кого, что?
с кем, с чем?*
politische Systeme vergleichen
~ полити́ческие систе́мы
Man kann das eine mit dem anderen
nicht vergleichen.
Нельзя́ сра́внивать одно́ с други́м.
Der Dichter vergleicht das junge
Mädchen mit einer Birke.
Поэ́т сра́внивает де́вушку с берёзкой.
Vergleich
сравне́ние
berücksichtigen, im Blick haben
име́ть *uv.* **в виду́**
zweifeln
сомнева́ться *uv. в ком, в чём?*
an der Gerechtigkeit der Entscheidung
zweifeln
~ в справедли́вости реше́ния
wahrscheinlich, vermutlich
наве́рно
seinen Augen nicht trauen
не ве́рить *uv.* **свои́м глаза́м**

Sprechen und Meinung

Meinung

383 Dabei muß man folgendes
berücksichtigen: …
Man kann doch **sagen,** …
Wie allgemein **bekannt** ist, …
Wissen Sie das **etwa** nicht?
Man muß **hinzufügen,** daß …
Sie **können sicher sein,** daß …
Ich **zweifle** (nicht) daran, daß …
Ehrlich gesagt, …
Einerseits …, andererseits …

Im vorliegenden Fall …

При э́том на́до **име́ть в виду́**
сле́дующее: …
Ведь **мо́жно сказа́ть, …**
Как **изве́стно,** …
Ра́зве вы не зна́ете?
На́до **доба́вить,** что …
Бу́дьте уве́рены, что …
Я (не) **сомнева́юсь** в том, что …
Че́стно сказа́ть, …
**С одно́й стороны́ …, с друго́й
стороны́ …**
В да́нном слу́чае …

384 bitten

um Unterstützung bitten
Ich bitte dich (Sie) sehr.
Bitte
Bitte (sagen Sie mir …)
Sei so gut! Seid (Seien Sie) so gut!

по/проси́ть (-ошу́, -о́сишь) *кого?
у кого? о чём?*
~ о по́мощи
О́чень прошу́ тебя́ (вас).
про́сьба
Пожа́луйста (, скажи́те мне …)
Будь добр(а́)! Бу́дьте добры́!

385 vorschlagen, anbieten
Schülern ein Projektthema vorschlagen
seine Hilfe anbieten
Vorschlag, *auch:* Satz
auf Vorschlag der Schüler
annehmen, *auch:* empfangen,
aufnehmen
einem Plan zustimmen
Der Vorschlag wurde angenommen.

предложи́ть/предлага́ть
~ ученика́м те́му прое́кта
~ свою́ по́мощь
предложе́ние
по предложе́нию ученико́в
приня́ть (-иму́, -и́мешь; -нял,
-няла́, -няли)/**принима́ть**
~ план
Предложе́ние бы́ло при́нято.

386 raten, empfehlen (jmdm. etw.)
Ich empfehle dir, das Rauchen aufzu-
geben.
Rat
einen guten Rat geben

по/сове́товать (-тую, -туешь) *кому?*
Сове́тую тебе́ бро́сить кури́ть.

сове́т
дать ➙ /дава́ть ➙ хоро́ший ~ *кому?*

387 **man muß,** man soll
Wir müssen die Arbeit morgen
abschließen.
man muß, es ist notwendig
Du mußt ihm ein Telegramm schicken.
man muß, man soll, es ist nötig
Diesen Artikel muß man lesen.
man darf nicht, man soll nicht,
es ist verboten
Man darf nicht vergessen, daß …
Hier ist Rauchen verboten.

до́лжен, должна́, должно́, должны́
Мы должны́ ко́нчить рабо́ту за́втра.

на́до
Тебе́ на́до посла́ть ему́ телегра́мму.
ну́жно
Э́ту статью́ ну́жно прочита́ть.
нельзя́

Нельзя́ забыва́ть *о том,* что …
Здесь нельзя́ кури́ть.

388 streiten, wetten | **по/спо́рить** *с кем?*
Mit ihm kann man nicht streiten. | С ним невозмо́жно спо́рить.
Wollen wir wetten, wer gewinnt? | Дава́й поспо́рим, кто победи́т?
sich streiten | **по/ссо́риться** *с кем?*
Sie sind schon lange zerstritten. | Они́ уже́ давно́ поссо́рились.
böse sein, böse werden, sich ärgern | **рас/серди́ться** (-ржу́сь, -рди́шься) *на кого?*
schreien, anschreien | **кри́кнуть** (-ну, -нешь)/**крича́ть** *на кого?*
stören | **по/меша́ть** *кому?*
Du störst mich. | Ты *мне* меша́ешь.

389 schweigen | **молча́ть** (-чу́, -чи́шь) *uv.*
Schweig! (Schweigt! Schweigen Sie!) | Молчи́(те)!
schweigend | мо́лча

390 Verzeih mir! | Прости́ меня́!
Verzeihen Sie! Verzeiht! | Прости́те!
Entschuldige! | Извини́!
Entschuldigen Sie! Entschuldigt! | Извини́те!
Entschuldigen Sie die Verspätung! | Прости́те *за опозда́ние!*
Entschuldigen Sie, wie komme ich … | Прости́те, как мне дойти́ …?
Das ist meine **Schuld**. | Это моя́ **вина́**.
Sei nicht **böse**! Seien Sie nicht böse! | Не **серди́сь**! Не серди́тесь!
Seid nicht böse! |
Ich gebe mir Mühe! | Постара́юсь!
Ehrenwort! | **Че́стное сло́во!**

391 schreiben, aufschreiben, aufzeichnen | **на/писа́ть** (-ишу́, -и́шешь)
auf dem Computer (mit der Schreibmaschine) schreiben | ~ на компью́тере *(на маши́нке)*
Die Verse wurden von Puschkin geschrieben. | Стихи́ напи́саны *Пу́шкиным.*
Aufschrift | **на́дпись** *f.*
notieren, aufzeichnen | **записа́ть** (-ишу́, -и́шешь)/**запи́сывать**
Schlüsselwörter notieren | ~ ключевы́е слова́
Aufzeichnung | **за́пись** *f.*
Notiz(zettel), kurzer Brief | **запи́ска**, *G. Pl.* -сок
Verzeichnis | **расписа́ние**
Prüfungsplan | ~ экза́менов
ausschreiben, sich herausschreiben, *auch:* abonnieren | **вы́писать** (-ишу, -ишешь)/**выпи́сывать**
das Wichtigste aus einem Artikel herausschreiben | ~ са́мое ва́жное из статьи́
Brief | **письмо́**, *Pl.* пи́сьма, пи́сем
in Briefwechsel stehen, korrespondieren | **перепи́сываться** *uv. с кем?*

Lesen Schreiben und Publizieren

**392
bis
396**

392 beschreiben
Gedanken und Gefühle beschreiben
abbilden, darstellen

ein Bild zeichnen (von jmdm., etw.)

das Dorfleben darstellen

описа́ть (-ишу́, -и́шешь)/ **опи́сывать**
~ мы́сли и чу́вства
изобрази́ть (-ажу́, -ази́шь)/ **изобра-
жа́ть**
рисова́ть (-су́ю, -су́ешь) *uv.* **карти́ну**
кого, чего?
~ дереве́нской жи́зни

393 einen Text bearbeiten
kürzen

einen Aufsatz kürzen
hinzufügen, ergänzen, dazugeben
Ich möchte hinzufügen, daß …
ergänzen, vervollständigen
eine Erzählung vervollständigen
kommentieren

обрабо́тать/обраба́тывать текст
сократи́ть (-ащу́, -ати́шь)/
сокраща́ть
~ сочине́ние
доба́вить (-влю, -вишь)/ **добавля́ть**
Мне хо́чется доба́вить, что …
допо́лнить/дополня́ть
~ расска́з
комменти́ровать (-рую, -руешь) *uv.*

394 übersetzen, dolmetschen
vom Deutschen ins Russische über-
setzen
einen Artikel übersetzen
ein Interview dolmetschen
Übersetzer(in), Dolmetscher(in)
Übersetzung

перевести́ → /переводи́ть →
~ *с неме́цкого на ру́сский*

~ статью́
~ интервью́
перево́дчик (перево́дчица)
перево́д

395 drucken, *auch:* tippen
Die Novelle wurde zum ersten Mal
gedruckt.
herausgeben
Das Album wurde herausgegeben
(von jmdm.)
Verlag
Das Buch erschien im Verlag …

на/печа́тать
По́весть была́ напеча́тана впервы́е.

изда́ть → /издава́ть →
Альбо́м был и́здан *кем?*

изда́тельство
Кни́га вы́шла в изда́тельстве …

396 lesen
russische Autoren im Original lesen
(geographische) Karten lesen
Noten lesen
das Lesen, Lektüre
Zeitungslektüre
am Lesen Freude haben
Leser(in)
sich in einer Bibliothek anmelden

Bücher **ausleihen**

про/чита́ть
~ ру́сских а́второв в оригина́ле
~ (географи́ческие) ка́рты
~ но́ты
чте́ние
~ газе́т
увлека́ться *uv.* чте́нием
чита́тель(ница)
записа́ться (-ишу́сь, -и́шешься)/
запи́сываться в библиоте́ку
взять (возьму́, возьмёшь; взял,
взяла́, взя́ли)/ **брать** (беру́, берёшь)
кни́ги *на́ дом*

Sprachen **106** ff., **420** · Literatur **469** ff. · Presse **480** ff.

397 Kommunikationstechnik — оргте́хника
Information — информа́ция
Informationsübertragung — переда́ча информа́ции
Telegraf, *auch:* Telegrafenamt — **телегра́ф**
Faxgerät, Fax — **факс**
per Fax — *по фа́ксу*
faxen — посла́ть (пошлю́, -шлёшь) *v.* фа́ксом
(Xerox)Kopierer — **ксе́рокс**
Telefon — **телефо́н**

398 (Personal-)Computer — (персона́льный) компью́тер
Diskette — **диске́та**
eine Diskette **einlegen** — **вста́вить** (-влю, -вишь)/ **вставля́ть** диске́ту *во что?*

Gerät — **аппарату́ра**
Bildschirm, Monitor — **экра́н, дисплей**
Tastatur — **клавиату́ра**
Taste — **кла́виша**
Drücke(n Sie) die Taste …! — Нажми́(те) кла́вишу …!
Maus — **мышь** *f.,* мы́шка
Wählen Sie mit der Maus den Befehl …! — Вы́берите мы́шкой кома́нду …!
Drucker — **при́нтер**

399 (Computer-)Programm — (компью́терная) програ́мма
ein Programm **installieren** — **инстали́ровать** (-рую, -руешь) *uv.* програ́мму
Lernprogramm — **уче́бная програ́мма**
Textverarbeitungsprogramm — **програ́мма подгото́вки те́кстов**
Datenbank — **ба́за да́нных**
Tabellenkalkulation — **электро́нная табли́ца**
Computerspiel — **компью́терная игра́**, *Pl.* и́гры

400 Menü — меню́ *n. indekl.*
Befehl — **кома́нда**
Hilfe — **по́мощь** *f.*
die Hilfe(funktion) **benutzen** — **вос/по́льзоваться** (-зуюсь, -зуешься) *по́мощью*

401 Verzeichnis — катало́г
Datei — **файл**
eine Datei **erstellen** — **созда́ть → /создава́ть →** ~
eine Datei **öffnen** — **откры́ть** (-ро́ю, -ро́ешь)/ **открыва́ть** ~
eine Datei **bearbeiten** — **обрабо́тать/обраба́тывать** ~
eine Datei **schließen** — **закры́ть** (-ро́ю, -ро́ешь)/ **закрыва́ть** ~
eine Datei **speichern** (unter …) — **сохрани́ть/сохраня́ть** ~ (как …)
eine Datei **kopieren** — **копи́ровать** (-рую, -руешь) *uv.* ~
eine Datei **löschen** — **удали́ть/удаля́ть** ~
eine Datei **(aus)drucken** — **на/печа́тать** ~

Telefonverkehr **521** f.

Schule und Bildung

402 Bildung, *auch:* Ausbildung
Mittelschulbildung (Hochschulbildung)
Allgemeinbildung (Berufsausbildung)

образова́ние
сре́днее ~ (вы́сшее ~)

о́бщее ~ (профессиона́льное ~)

403 Schule
Grundschule
Hauptschule
Realschule
Gesamtschule
integrierte Gesamtschule
Mittelschule *(vergleichbar Haupt-,
Real-, Gesamtschule)*
Gymnasium
Waldorfschule
Lyzeum
Berufsschule
Spezialschule
Musikschule
die Realschule (das Gymnasium)
besuchen

шко́ла
нача́льная ~
гла́вная ~
реа́льная ~
о́бщая ~
интегри́рованная о́бщая ~
сре́дняя шко́ла

гимна́зия
шко́ла Ва́льдорфа
лице́й
профессиона́льное учи́лище
спецшко́ла
музыка́льная шко́ла
учи́ться (учу́сь, у́чишься) *uv.* в реа́льной шко́ле (в гимна́зии)

404 Lehr-, Schuljahr
im letzten Schuljahr
Ferien, Schulferien
in den Ferien

уче́бный год
в про́шлом уче́бном году́
кани́кулы, -кул *Pl.*
во вре́мя кани́кул

405 Klasse, Schulklasse
untere Klassen
obere Klassen, höhere Klassen
in die 11. Klasse gehen

in eine andere Klasse **versetzen**

Klassenbuch, *auch:* Zeitschrift

класс
мла́дшие кла́ссы
ста́ршие кла́ссы
учи́ться (учу́сь, у́чишься) *uv.*
в 11-ом кла́ссе
перевести́ ➙ /переводи́ть ➙ в
друго́й класс
журна́л

Unterricht

406 Schüler(in)	ученик (ученица), школьник (школьница)
Mitschüler(in), Klassenkamerad(in)	одноклассник (одноклассница)
Schülerrat	ученический совет
Schüler-, Klassensprecher(in)	председатель ученического совета
407 Unterrichtsfach, *auch:* Gegenstand	предмет
Wahlfach	факультативный курс, факультатив
Grundkurs	основной курс
Leistungskurs	интенсивный курс
Russisch	русский язык
Englisch	английский язык
Französisch	французский язык
Latein	латинский язык
Deutsch	немецкий язык
Gesellschaftslehre, -kunde	обществоведение
Sozialkunde	социальная наука
Politische Bildung	политическое образование
Geschichte	история
Religion	религия
Ethik	этика
Philosophie	философия
Recht	право
Wirtschaftswissenschaft	экономика
Erziehungswissenschaft	педагогика
Psychologie	психология
Naturwissenschaft	естествознание
Biologie	биология
Geographie	география
Physik	физика
Chemie	химия
Astronomie	астрономия
Mathematik	математика
Informatik	информатика
Wirtschaftsinformatik	экономическая информатика
Rechnungswesen	счетоводство
Technisches Zeichnen	черчение
Arbeitslehre	труд
Hauswirtschaft	домоводство
Kunst	искусство
Zeichnen	рисование
Musik	музыка
Sport	физкультура
Arbeitsgemeinschaft, *auch:* Zirkel	кружок, -жка

**408
bis
412**

408 **lernen**, erlernen, studieren,
in der Ausbildung sein
Spanisch lernen
lernen

ein Gedicht **auswendig** lernen
eine Rolle einstudieren
lernen, studieren, erlernen
eine Fremdsprache lernen

на/учи́ться (учу́сь, у́чишься) *чему?*

~ испа́нскому языку́
вы́учить (-чу, -чишь)/**выу́чивать**
что?
~ стихотворе́ние **наизу́сть**
~ роль
изучи́ть (-чу́, -у́чишь)/**изуча́ть** *что?*
~ иностра́нный язы́к

409 **Lehrer(in)**
Russischlehrer(in)
Klassenlehrer(in)
Unterricht, das Unterrichten
lehren
die Schüler Spanisch lehren
erziehen, anerziehen
die Schüler zur Selbständigkeit erziehen

учи́тель, *Pl.* -ля́ (**учи́тельница**)
~ ру́сского языка́
воспита́тель(ница) кла́сса
преподава́ние
на/учи́ть (учу́, у́чишь) *кого? чему?*
~ ученико́в *испа́нскому языку́*
воспита́ть/воспи́тывать
~ *в ученика́х* самостоя́тельность

410 **Unterrichtsstunde**, Lektion,
auch: Hausaufgabe
Englisch-(Russisch-)stunde
im Englischunterricht
In der zweiten Stunde haben wir …
Stundenplan
Pause
Beschäftigung, Tätigkeit
Unterricht, Lehrveranstaltungen
Musikunterricht
Der Unterricht fällt aus.
sich beschäftigen, *(geistig)* arbeiten
sich mit Mathematik beschäftigen
in der Bibliothek arbeiten

уро́к

~ англи́йского (ру́сского) языка́
на уро́ках англи́йского языка́
На второ́м уро́ке у нас …
расписа́ние уро́ков
переме́на
заня́тие
заня́тия, -тий *Pl.*
~ *по му́зыке*
Заня́тий не бу́дет.
занима́ться *uv. чем?*
~ *матема́тикой*
~ *в библиоте́ке*

411 **Klasse**, Klassenraum
die Klasse betreten
Fachraum, Dienstzimmer
Mathematikraum
Tafel, Schultafel, *auch:* Brett
an die Tafel schreiben

класс
войти́ → /входи́ть → в класс
кабине́т
математи́ческий ~
доска́, *G. Pl.* -со́к
на/писа́ть (пишу́, пи́шешь) *на доске́*

412 **Lehrbuch**, Schulbuch
Physikbuch
Wörterbuch, -verzeichnis
deutsch-russisches Wörterbuch
Fremdwörterbuch
Abkürzungswörterbuch
einen Text mit dem Wörterbuch lesen

уче́бник
~ фи́зики
слова́рь *m.*
неме́цко-ру́сский ~
~ иностра́нных слов
~ сокраще́ний
про/чита́ть текст со словарём

wissen, kennen, verstehen **369** ff. · Fleiß **331** f.

Lektionswörterverzeichnis	поуро́чный слова́рь	**413**
Lexikon, Enzyklopädie	энциклопеди́ческий слова́рь	bis
im Lexikon nachschlagen	по/смотре́ть (-рю́, -ришь) в словаре́	**416**
Nachschlagewerk	спра́вочник	
ein geographisches Nachschlagewerk	~ по геогра́фии	
alphabetisch	алфави́тный	
alphabetisches Wörterverzeichnis	~ слова́рь	
Karte	ка́рта	
eine politische Karte von Europa	полити́ческая ка́рта Евро́пы	
(Welt-)Atlas	а́тлас (ми́ра)	

413 Heft, Schreibheft — тетра́дь *f.*
ins Heft schreiben — на/писа́ть (пишу́, пи́шешь) в тетра́дь
Schema, Skizze — схе́ма
Tabelle, Übersicht — табли́ца
eine Tabelle anfertigen — с/де́лать табли́цу

414 (Schul-)Tasche — су́мка, *G. Pl.* -мок
Bleistift — каранда́ш, *Pl.* -и́, -е́й
Filzstift — флома́стер
Füller, Kugelschreiber, Stift — ру́чка, *G. Pl.* -чек
mit dem Füller schreiben — на/писа́ть (пишу́, пи́шешь) ру́чкой
Lineal — лине́йка, *G. Pl.* -не́ек
Radiergummi — рези́нка, *G. Pl.* -нок
Taschenrechner — калькуля́тор
mit dem Taschenrechner arbeiten — рабо́тать *uv.* с калькуля́тором

415 Aufgabe — зада́ча
eine schwierige Aufgabe — тру́дная ~
eine Aufgabe **lösen** — **реши́ть/реша́ть** зада́чу
Lösung, *auch:* Entscheidung — реше́ние
Hausaufgaben — дома́шние зада́ния, уро́ки
Hausaufgaben **machen** — с/де́лать уро́ки
Übung — упражне́ние
Dialog — диало́г
Vortrag, Referat — докла́д
einen Vortrag (einen Dialog) vorbereiten — под/гото́вить (-влю, -вишь) докла́д (диало́г)

Aufsatz — сочине́ние
einen Aufsatz schreiben — на/писа́ть (пишу́, пи́шешь) ~
Resümee, Zusammenfassung — резюме́ *indekl.*
ein Resümee verfassen — с/де́лать резюме́

416 Projekt — прое́кт
Projektarbeit — рабо́та *по прое́кту*
Projektwoche — неде́ля рабо́ты *по прое́кту*
in Gruppen arbeiten — рабо́тать *uv.* **по гру́ппам**
paarweise arbeiten — рабо́тать *uv.* **по па́рам**

Aufgaben Arbeitsmittel

Bild-, Tontechnik **466** f. · Computer **398** ff. · Texte **469** ff., **480** ff.
wiederholen **376** · sprechen **375** ff. · schreiben **391** ff. · Schwierigkeit **81**

417 Klassenarbeit | кла́ссная (рабо́та)
Klausur | контро́льная (экзаменацио́нная) рабо́та
Test | тест
richtig (falsch) | пра́вильный (непра́вильный)
eine richtige (falsche) Antwort | ~ отве́т
Fehler, *auch:* Irrtum | оши́бка, *G. Pl.* -бок
nur wenige Fehler machen | с/де́лать то́лько ма́ло оши́бок
einen Fehler **übersehen** | пропусти́ть (-ущу́, -у́стишь)/**пропуска́ть** оши́бку

Berichtigung, Fehlerkorrektur | исправле́ние оши́бок

418 Note, Zensur, Bewertung | отме́тка, *G. Pl.* -ток
eine Biologiezensur | ~ *по биоло́гии*
eine Zensur **erteilen**, geben | по/ста́вить (-влю, -вишь) отме́тку
Bewertung, Beurteilung, Zensur | оце́нка, *G. Pl.* -нок
bewerten, beurteilen | оцени́ть (-еню́, -е́нишь)/**оце́нивать** *кого́, что?*

die Kenntnisse eines Schülers bewerten | ~ зна́ния ученика́
Eins *(Note, in Rußland schlechteste)*, *auch:* Einheit *(Maß)* | едини́ца
Zwei *(Note)* | дво́йка, *G. Pl.* -о́ек
Drei *(Note), auch:* Dreigespann | тро́йка, *G. Pl.* -о́ек
Vier *(Note)* | четвёрка, *G. Pl.* -рок
Fünf *(Note, in Rußland beste)* | пятёрка, *G. Pl.* -рок
Sechs *(Note)* | шестёрка, *G. Pl.* -рок
eine Eins bekommen | получи́ть/получа́ть едини́цу

419 Zeugnis, Abschlußzeugnis | аттеста́т
Abitur, *auch:* Reifezeugnis | ~ зре́лости
Reifezeugnis | ~ о сре́днем образова́нии

420 Sprache, *auch:* Zunge | язы́к
Fremdsprache | иностра́нный ~
die russische Sprache | ру́сский ~
slawische Sprachen | **славя́нские** языки́
kyrillische Schrift(zeichen) | **кири́ллица** *Sg.*
deutsch (russisch, englisch, spanisch, französisch) sprechen | говори́ть *uv.* **по-неме́цки** (по-ру́сски, по-англи́йски, по-испа́нски, по-францу́зски)

in lateinischer Sprache lesen | чита́ть *uv.* **по-латы́ни**

421 Alphabet | алфави́т
Buchstabe | бу́ква
ein großer (ein kleiner) Buchstabe | больша́я (ма́ленькая) ~
buchstabieren | про/чита́ть по бу́квам
Wie schreibt man das Wort …? | Как пи́шется сло́во …?
Wie wird dieses Wort ausgesprochen? | Как произно́сится э́то сло́во?

Prüfung **432** · Wertung **98** ff. · Schulabschluß **243** · hören **208**
sprechen **375** ff. · lesen **396** · schreiben **391** ff. · übersetzen **394**

94

Sprachunterricht

422 Wort | сло́во, *Pl.* слова́
Fremdwort | иностра́нное ~
Wort- | **слова́рный**
Wortschatz | **запа́с слов,** слова́рный запа́с
der russische Wortschatz | ~ ру́сского языка́
Bedeutung | **значе́ние**
Mehrdeutigkeit, Polysemantik | **многозна́чность** *f.*
bedeutet, heißt | **зна́чит**
Was heißt auf deutsch ...? | Как по-неме́цки ...?

423 Wortarten | ча́сти ре́чи
Substantiv | существи́тельное
Pronomen | местоиме́ние
Adjektiv | прилага́тельное
Verb | глаго́л
Adverb | наре́чие
Fragewort | вопроси́тельное сло́во
(Adverbial-)Partizip | (дее-)прича́стие
Numerale | числи́тельное
Präposition | предло́г
Konjunktion | сою́з

424 Grammatik | грамма́тика
Genus *(grammatisches Geschlecht)* | **род**
Maskulinum, männlich | мужско́й ~
Femininum, weiblich | же́нский ~
Neutrum, sächlich | сре́дний ~
ein Wort männlichen Geschlechts | сло́во *му́жского ро́да*
Numerus *(Zahl)* | **число́**, *Pl.* чи́сла, чи́сел
Singular | еди́нственное ~
Plural | мно́жественное ~
Kasus *(Fall)* | **паде́ж**, -а́
Nominativ | имени́тельный ~
Genitiv | роди́тельный ~
Dativ | да́тельный ~
Akkusativ | вини́тельный ~
Instrumental | твори́тельный ~
Präpositiv | предло́жный ~
Zeitform des Verbs | **вре́мя глаго́ла,** *G.* -мени,
 | *Pl.* -мена́, -мён *n.*
Präsens | настоя́щее вре́мя
Präteritum | проше́дшее вре́мя
Futur | бу́дущее вре́мя
Aspekt des Verbs | **вид глаго́ла**
(un)vollendeter Aspekt | (не)соверше́нный вид
konjugieren | **про/спряга́ть**
1. (2., 3.) Person | пе́рвое (второ́е, тре́тье) лицо́
1. Person Plural | пе́рвое лицо́ *мно́жественного числа́*

Studium Sprachunterricht

425 Wortbildung | словообразова́ние
Präfix | пре́фикс
Wurzel, Stamm | ко́рень, -рня
Suffix | су́ффикс
Endung | оконча́ние

426 Ausdruck | выраже́ние
Stil | **стиль** *m.*
Redewendung | оборо́т ре́чи
Phraseologismus | фразеологи́зм
Wortgruppe | **словосочета́ние**
Satz, *auch:* Vorschlag | **предложе́ние**
einfacher (zusammengesetzter) Satz | просто́е (сло́жное) ~
zusammensetzen, bilden | **соста́вить** (-влю, -вишь)**/ составля́ть**
Sätze bilden | ~ предложе́ния

427 Regel | пра́вило
eine grammatische Regel | граммати́ческое ~
in der Regel | **как пра́вило**
Ausnahme | **исключе́ние**
Keine Regel ohne Ausnahme. | Нет *пра́вил* без *исключе́ний.*
Gebrauch, Verwendung | **употребле́ние**
gebrauchen | **употреби́ть** (-блю́, -би́шь)**/ употребля́ть**
den richtigen Fall gebrauchen | ~ пра́вильный паде́ж
Dieses Wort wird oft gebraucht. | Это сло́во ча́сто употребля́ется.
Beispiel | **приме́р**
ein passendes Beispiel | подходя́щий ~
anführen, nennen | **привести́** ➙ **/приводи́ть** ➙
Beispiele (Fakten) anführen | ~ приме́ры (фа́кты)
zum Beispiel | **наприме́р**
Muster | **образе́ц,** -зца́
nach einem Muster | по образцу́
bilden | **образова́ть** (-зу́ю, -зу́ешь) *uv.*
Variante | **вариа́нт**
Bilden Sie Varianten! | Образу́йте вариа́нты!

428 Universität | университе́т
Technische Universität | Техни́ческий ~
Institut, *auch:* Hochschule | **институ́т**
Fremdspracheninstitut | ~ иностра́нных языко́в

429 Wissenschaft | нау́ка
Naturwissenschaften | есте́ственные нау́ки
Gesellschaftswissenschaften | гуманита́рные нау́ки
pädagogische Wissenschaften | педагоги́ческие нау́ки
wissenschaftlich | нау́чный
wissenschaftlich tätig sein | занима́ться *uv.* нау́кой

430 **Student(in)**
Medizinstudent(in)
studieren
an einer Universität (an einem Institut)
studieren
Physik studieren
immatrikuliert werden

Zulassungsprüfung *(bei Numerus clausus)*
die Aufnahmeprüfung absolvieren

Studienjahr, Kursus **(Semester)**
Student(in) im ersten Semester
Stipendium
BAFöG

студе́нт (**студе́нтка**, *G. Pl.* -ток)
~-ме́дик
учи́ться (учу́сь, у́чишься) *uv.* *чему?*
~ в университе́те (в институ́те)

~ фи́зике
поступи́ть (-уплю́, -у́пишь)/**поступа́ть** в университе́т
ко́нкурс

сдать → /**сдава́ть** → **вступи́тельный экза́мен**
курс (семе́стр)
студе́нт(ка) *пе́рвого семе́стра*
стипе́ндия
фина́нсовая по́мощь при обуче́нии

431 **Studium**, Erlernen, Erforschung
Vorlesung
Seminar
Literaturvorlesung (-seminar)
eine Vorlesung (ein Seminar) besuchen

Hörsaal, Seminarraum, *auch:* Zuhörerschaft
ein **Experiment** durchführen

an einer Exkursion teilnehmen

ein **Praktikum** absolvieren

изуче́ние
ле́кция
семина́р
ле́кция (семина́р) *по литерату́ре*
посети́ть (-ещу́, -ети́шь)/ посеща́ть ле́кцию (семина́р)
аудито́рия

провести́ → /проводи́ть → **экспери́мент**
уча́ствовать (-вую, -вуешь) *uv.* **в экску́рсии**
пройти́ → /проходи́ть → **пра́ктику**

432 **Examen**, Prüfung
Staatsexamen
Magisterexamen
Mathematikprüfung
Diplom, Abschlußzeugnis
sich auf die Prüfungen **vorbereiten**

eine **Prüfung ablegen**
die Prüfung mit dem Prädikat „Ausgezeichnet" bestehen
Er **ist** in der Prüfung **durchgefallen**.

экза́мен
госуда́рственный ~
маги́стерский ~
~ *по матема́тике*
дипло́м
под/гото́виться (-влюсь, -вишься) *к экза́менам*
сдать → /**сдава́ть** → **экза́мен**
сдать → *v.* экза́мен *на «отли́чно»*

Он **провали́лся** *на экза́мене.*

433 **Wissenschaftler(in)**
Professor(in)
Geschichtsprofessor(in)
wissenschaftliche(r) Mitarbeiter(in)
Assistent(in), Hilfskraft, *auch:* Helfer(in)

учёный (**же́нщина-учёный**)
профе́ссор, *Pl.* -á
~ исто́рии
нау́чный сотру́дник
помо́щник (помо́щница)

Fleiß **331** · Klausur **417** ff. · Bibliothek **396**
Berufe mit Studienabschluß **188**

Kultur und Medien

Funk und Fernsehen

434 Fernsehen	**телеви́дение**
Fernsehsender	**телеста́нция**
Fernseher, Fernsehgerät	**телеви́зор**
fernsehen	**по/смотре́ть** (-рю́, -ришь) **телеви́зор**
im Fernsehen sehen	по/смотре́ть (-рю́, -ришь) *по телеви́-дению*
Fernsehzuschauer(in)	**телезри́тель**
435 Radio, Rundfunk	**ра́дио** *indekl.*
Rundfunksender	**радиоста́нция**
Radio hören	**слу́шать** *uv.* **ра́дио**
im Radio hören	слу́шать *uv.* *по ра́дио*
Rundfunkhörer(in)	**радиослу́шатель**
436 Sendung, Übertragung	**переда́ча**
politische (aktuelle) Sendung	полити́ческая (актуа́льная) ~
Sportsendung (Kultursendung)	спорти́вная ~ (культу́рная ~)
Musiksendung	музыка́льная ~
Rundfunksendung, -übertragung	**радиопереда́ча**
Fernsehsendung, -übertragung	**телепереда́ча**
übertragen, senden	**переда́ть** → /**передава́ть** →
ein Konzert im Fernsehen (im Radio) übertragen	~ конце́рт *по телеви́дению (по ра́дио)*
Fernsehfilm (Fernsehspiel)	**телефи́льм (телеспекта́кль** *m.*)
Serie (Fernsehserie)	**се́рия (телесериа́л)**
Fernsehshow (Quiz-Sendung)	**теле-шо́у (виктори́на)**
437 Video	**ви́дик**
Videofilm (Videoclip)	**видеофи́льм (видео-кли́п)**
Videoaufzeichnung	**видеоза́пись** *f.*
438 Programm	**програ́мма**
Abend-(Früh-, Nacht-)programm	вече́рняя (у́тренняя, ночна́я) ~
Programmübersicht	програ́мма переда́ч
Videotext	**телете́кст**

Bild-, Tontechnik **466** f. · Wetterbericht **122** · publizistische Genres **482** f.
Interesse, gefallen **350** ff. · Wertungen **97** ff., **362**

Aushang, Plakat	**афи́ша**
erfahren (vom Plakat), daß …	**узна́ть** (-а́ю, -а́ешь)/**узнава́ть** (-наю, -наёшь) *(из афи́ши)*, что …
	Идёт …
Gespielt wird …	**Сего́дня** *по телеви́дению* (в кино́)
Heute wird im Fernsehen (im Kino)	идёт фильм …
der Film … gezeigt.	

439 Kino — **кино́** *indekl.*, **кинотеа́тр**
Freilichtkino — кинотеа́тр под откры́тым не́бом
ins Kino gehen — **идти́** →, **ходи́ть** → **в кино́**

440 Film — **фильм**
ein Film nach dem Roman „…" — ~ по рома́ну «…»
Spielfilm — **худо́жественный фильм**
Abenteuerfilm — **приключе́нческий фильм**
Kriminalfilm (Western) — **детекти́в (ве́стерн)**
Filmkomödie — **кинокоме́дия**
Musikfilm — **музыка́льный фильм**
Thriller — **три́ллер**, фильм у́жасов
Trickfilm — **мультфи́льм**
Kinderfilm — **де́тский фильм**
Science-fiction, utopischer Film — **нау́чно-фантасти́ческий фильм**
populärwissenschaftlicher Film — **нау́чно-популя́рный фильм**
Dokumentarfilm — **документа́льный фильм**

441 Theater — **теа́тр**
Jugendtheater — ~ ю́ных зри́телей
Opernhaus — ~ о́перы и бале́та
Freilichtbühne, Freilichttheater — ~ под откры́тым не́бом

442 **Theaterstück**, Schauspiel, Stück — **пье́са**
Drama — **дра́ма**
(klassische) **Tragödie** — (класси́ческая) **траге́дия**
(musikalische) **Komödie** — (музыка́льная) **коме́дия**

443 Künstler(in), Artist(in) — **арти́ст (арти́стка,** *G. Pl.* **-ток)**
Filmschauspieler(in) — ~ кино́
Drehbuchautor(in) — **а́втор сцена́рия**
Regisseur(in) — **режиссёр**
Schauspieler(in) — **актёр (актри́са)**
Komiker(in) — **ко́мик**
Darsteller(in), Vortragende(r) — **исполни́тель(ница)**
vortragen, darbieten — **испо́лнить/исполня́ть**
die Rolle des Kommissars spielen — ~ роль комисса́ра
seine eigenen Lieder vortragen — ~ свои́ пе́сни
deutschen Rock spielen — ~ неме́цкий рок
Darstellung, Darbietung — **исполне́ние**
talentiertes Spiel — тала́нтливое ~

Musik Zirkus

444 Rolle
seine Rolle **einstudieren**
Hauptrolle
die Hauptrolle spielen
ein Gastspiel geben
Das Ensemble des Bolschoi-Theaters
gibt ein Gastspiel in Berlin.

роль *f.*
вы́учить (-чу, -чишь) *v.* свою́ роль
гла́вная роль
сыгра́ть/игра́ть гла́вную роль
гастроли́ровать (-рую, -руешь) *uv.*
Анса́мбль Большо́го теа́тра гастроли́-
рует в Берли́не.

445 Auftritt
Fernsehauftritt
Auftritt eines Künstlers vor Senioren
auftreten
mit einem Lied auftreten
im Fernsehen auftreten
Probe
Premiere

выступле́ние
~ по телеви́зору, ~ по телеви́дению
~ арти́ста пе́ред пенсионе́рами
вы́ступить (-плю, -пишь)/**выступа́ть**
~ с пе́сней
~ *по телеви́дению*
репети́ция
премье́ра

446 Zirkus
Zirkuskünstler(in)
Dompteur(in)
Clown
Jongleur(in)
Akrobat(in)
Zauberkünstler(in)

цирк
арти́ст(ка) ци́рка
дрессиро́вщик (дрессиро́вщица)
кло́ун
жонглёр(ша)
акроба́т(ка)
волше́бник (волше́бница)

447 Musik
moderne (elektronische) Musik
klassische Musik
Musik-, musikalisch
musikalischer Abend
Musik hören
musizieren, *auch:* Musik studieren
vertonen, die Musik zu etw. schreiben

му́зыка
совреме́нная (электро́нная) ~
класси́ческая ~
музыка́льный
~ ве́чер
слу́шать *uv.* му́зыку
занима́ться *uv.* му́зыкой
на/писа́ть (пишу́, пи́шешь) му́зыку
к чему?

448 **Unterhaltungsmusik**, leichte
Musik
Tanzmusik
Filmmusik
Volksmusik
Jazz (Jazzmusik)
Rockmusik (Rock)
Rock and Roll (Hardrock)
Technomusik (Technoszene)
Popmusik
Beatmusik
Blues
Countrymusik (Reggae)

лёгкая му́зыка

танцева́льная му́зыка
му́зыка к фи́льму
наро́дная му́зыка
джаз (джа́зовая му́зыка)
рок-му́зыка (рок)
рок-н-ро́лл (ха́рд-рок)
техно-му́зыка (техно-сце́на)
поп-му́зыка
бит-му́зыка
блюз
ка́нтри *n. indekl.* (рэ́гей *n. indekl.*)

449 Stil
musikalischer Stil
im Country-Stil
seinen eigenen Stil finden
Jede Gruppe hat ihren eigenen Stil.

стиль *m.*
музыка́льный ~
в сти́ле *ка́нтри*
найти́ → /находи́ть → свой стиль
У ка́ждой гру́ппы свой стиль.

450 musikalisches Werk
Konzert
Oper (Rockoper)
Operette
Musical
Musikstück, *auch:* Theaterstück
ein Klavierstück von Chopin
(Volks-)Lied
Schlager (der siebziger Jahre)
Melodie
Worte (Text)

музыка́льное произведе́ние
конце́рт
о́пера (рок-о́пера)
опере́тта
мю́зикл
пье́са
пье́са Шопе́на *для фортепья́но*
(наро́дная) пе́сня
шля́гер (семидеся́тых годо́в)
мело́дия
слова́ *Pl.* (текст)

451 Komponist(in)
klassischer Komponist
Liedermacher(in), Barde
Musiker(in)
Rockmusiker(in)
Dirigent(in)
Pianist(in)
Geiger(in)
Gitarrist(in)
Schlagzeuger(in)

компози́тор
компози́тор-кла́ссик
бард
музыка́нт
рок-музыка́нт
дирижёр
пиани́ст(ка)
скрипа́ч(ка)
гитари́ст(ка)
уда́рник (же́нщина-уда́рник)

452 Orchester
Tanzorchester
Rockgruppe
Leiter(in) einer Rockgruppe, Bandleader
Band, Ensemble
Solist(in)
Duett (Trio, Quartett)

орке́стр
танцева́льный ~
рок-гру́ппа
руководи́тель(ница) рок-гру́ппы
анса́мбль *m.*
соли́ст(ка)
дуэ́т (три́о *indekl.*, кварте́т)

453 Instrument, *auch:* Werkzeug
Musikinstrument
elektronische Instrumente
Schlagzeug
Saxophon
Trompete
Flöte
(Mund-)Harmonika
Akkordeon
Klavier
Flügel

инструме́нт
музыка́льный ~
электро́нные инструме́нты
уда́рные инструме́нты *Pl.*
саксофо́н
труба́
фле́йта
(губна́я) гармо́шка, *G. Pl.* -шек
аккордео́н
фортепья́но *indekl.*
роя́ль *m.*

Interesse, gefallen **350** ff. · Wertung **97** ff., **362**

454
bis
458

Gitarre (Elektrogitarre)	гита́ра (электрогита́ра)
Geige	скри́пка, *G. Pl.* -пок
Balalaika	балала́йка, *G. Pl.* -áек
Keyboard	ки́борд
Synthesizer	синтеза́тор

454 spiele
	игра́ть *uv.*
Gitarre (Klavier) spielen	~ на гита́ре (на фортепья́но)
in einem Orchester (in einer Band) spielen	~ в орке́стре (в анса́мбле)
Tschaikowski spielen	~ Чайко́вского
nach Noten spielen	~ по но́там
Gitarre spielen lernen	учи́ться (учу́сь, у́чишься) *uv.* игра́ть на гита́ре
ein Konzert geben	**дать → /дава́ть → конце́рт**

455 Gesang, das Singen
	пе́ние
singen	**с/петь** (пою́, поёшь)
im Chor (in der Oper) singen	~ в хо́ре (в о́пере)
ein Lied singen	~ пе́сню
den Onegin singen	~ Оне́гина

456 Sänger(in)
	певе́ц, -вца́ (певи́ца)
Chor	**хор**
Kinderchor (Knabenchor)	де́тский ~ (хор ма́льчиков)
Frauenchor (Männerchor)	же́нский ~ (мужско́й ~)
Singegruppe, Gesangsgruppe	**вока́льный анса́мбль**
Lieblingssänger	**люби́мый певе́ц, -вца́**
Idol	**куми́р**
Mein Idol ist … (Ich habe kein Idol.)	Мой куми́р … (У меня́ *куми́ра* нет.)

457 Tanz
	та́нец, -нца
ein moderner Tanz	совреме́нный ~, мо́дный ~
ein alter Tanz	стари́нный ~
klassische Tänze	класси́ческие та́нцы
Walzer (Tango)	**вальс (та́нго** *indekl.***)**
Foxtrott (Charleston)	**фокстро́т (ча́рльстон)**
Boogie-Woogie	**бу́ги-ву́ги** *indekl.*
Marsch (Polonaise)	**марш (полоне́з)**
Rheinländer (Polka)	**ре́йнлендер (по́лька)**
Mazurka	**мазу́рка**
Samba (Rumba)	**са́мба (ру́мба)**
Mambo (Cha-Cha-Cha)	**ма́мбо** *indekl.* **(ча́-ча-ча)**

458 Ballett
	бале́т
Theater für Oper und Ballett	теа́тр о́перы и бале́та
Tänzer(in)	**арти́ст(ка) бале́та**
Ballerina (Primaballerina)	**балери́на (примабалери́на)**
Choreograph(in)	**балетме́йстр**

Fan **576** · Tanzsport **568** · Interesse **350** ff. · Wertungen **97** ff., **362**

Kulturelle Veranstaltungen Tanz

459 tanzen
Rumba tanzen
zur Musik tanzen
Ich kann nicht tanzen.

танцева́ть (-цу́ю, -цу́ешь) *uv.*
~ ру́мбу
~ *под му́зыку*
Я не танцу́ю.

460 **Tanzabend,** Tanzveranstaltung
tanzen gehen
Disko, Diskothek
Tanzschule (Tanzstunde)
auffordern (zum Tanz)

Abend(veranstaltung)
festlicher Abend, Fest
veranstalten, durchführen, *auch:*
verbringen
einen Abend veranstalten

та́нцы, -цев *Pl.*
идти́ ➜, **ходи́ть** ➜ **на та́нцы**
дискоте́ка
шко́ла та́нцев (уро́к та́нцев)
пригласи́ть (-ашу́, -аси́шь)**/**
приглаша́ть (на та́нец) *кого?*
ве́чер
пра́здничный ~
провести́ ➜ **/проводи́ть** ➜

~ ве́чер

461 **Festival**, Festspiele
Musikfestival
Wettbewerb, *auch:* Preisausschreiben
Pianistenwettbewerb (Violinwettbewerb)
internationaler Architekturwettbewerb
Ausschreibung (für den besten Entwurf)
einen Wettbewerb (ein Festival) **organi-**
sieren
zum Wettbewerb **einreichen**
im Wettbewerb **gewinnen**

фестива́ль *m.*
музыка́льный ~
ко́нкурс
~ пиани́стов (~ *скрипаче́й*)
междунаро́дный ~ архите́кторов
~ прое́ктов
организова́ть (-зу́ю, -зу́ешь) *uv.*
ко́нкурс (фестива́ль)
пода́ть ➜ **/подава́ть** ➜ *на ко́нкурс*
пройти́ ➜ **/проходи́ть** ➜ *по ко́нкурсу*

462 **Klub**, Klubhaus
Jugendklub(haus)
in den Jugendklub gehen
Videoraum, Videothek

клуб
молодёжный клуб
ходи́ть ➜ *unbest.* в ~
видеосало́н

463 **Saal**, Halle
Konzertsaal
Bühne, Szene
auf der Bühne
Reihe (in der ersten Reihe)
Platz (Nr. 6)

зал
конце́ртный ~
сце́на
на сце́не
ряд (в пе́рвом ряду́)
(шесто́е) **ме́сто**

464 **Besuch**
Theaterbesuch (Opernbesuch)
Besucher(in)
besuchen

ein Rock-Konzert besuchen
gehen (ins Theater, in ein Konzert)

посеще́ние
~ теа́тра (~ о́перы)
посети́тель(ница)
посети́ть (-ещу́, -ети́шь)**/посеща́ть**
кого, что?
~ рок-конце́рт
идти́ ➜, **ходи́ть** ➜ (в теа́тр,
на конце́рт)

Bild und Ton Veranstaltungen

465 Kasse
Theaterkasse (Kinokasse)
Abendkasse
Karten an der Kasse **kaufen**

Eintrittskarte, Karte, *auch:* Fahrkarte
Kinokarte, Theaterkarte, Zirkuskarte
Konzertkarte
eine Karte für Mittwoch
zwei Karten für die erste Reihe
überflüssig, übrig
Haben Sie nicht eine Karte übrig?

ка́сса
театра́льная ~ (кинока́сса)
вече́рняя ~
купи́ть (-плю́, -пишь)/**покупа́ть**
биле́ты *в ка́ссе*
биле́т
~ в кино́, ~ в теа́тр, ~ в цирк
~ на конце́рт
~ на сре́ду
два биле́та *в пе́рвый ряд*
ли́шний
Нет ли у вас *ли́шнего биле́та*?

466 Technik
Tontechnik
Radio(apparat)
Fernsehapparat
(Kassetten-)Recorder

Stereoanlage
Stereorecorder
Lautsprecher
Verstärker
Kopfhörer
Walkman
Plattenspieler
CD-Player
Videorecorder

те́хника
звукова́я ~
ра́дио(приёмник)
телеви́зор
(кассе́тный) магнитофо́н,
кассе́тник
стереосисте́ма
стереокассе́тник
громкоговори́тель *m.*
усили́тель *m.*
нау́шники, -ков *Pl.*
пле́йер
прои́грыватель *m.*
~ компа́ктных ди́сков
видеомагнитофо́н

467 Platte, CD, Schallplatte
Compactdisc, CD
Schallplatte
eine Platte hören
Kassette (Videokassette)
Video
ein Video zeigen
(Video-)**Aufzeichnung**
aufzeichnen, aufnehmen
auf Kassette aufzeichnen
überspielen (vom Radio auf Kassette)

диск
компа́кт-диск
пласти́нка, *G. Pl.* -нок
слу́шать *uv.* пласти́нку
кассе́та (видеокассе́та)
ви́дик
про/демонстри́ровать (-рую, -руешь) ~
(видео)**за́пись** *f.*
записа́ть (-ишу́, -йшешь)/**запи́сывать**
~ на кассе́ту
переписа́ть (-ишу́, -йшешь)/
перепи́сывать (с ра́дио на кассе́ту)

468 Schalte (Schaltet) ... **ein!**
Schalte (Schaltet) ... **aus!**
Leg (Legt) doch eine Platte **auf!**
Nimm (Nehmt) diesen Titel unbedingt
auf!
Lösch (Löscht) doch diese Aufnahme!

Включи́ (Включи́те) ...!
Вы́ключи (Вы́ключите) ...!
Поста́вь (Поста́вьте) же пласти́нку!
Обяза́тельно **запиши́** (запиши́те) э́ту
пе́сню!
Сотри́ (Сотри́те) же э́ту за́пись!

---

kaufen, bezahlen **315** ff. · besitzen **322** f.
Rundfunk, Fernsehen, Video **434** ff. · Computer **398** ff.

469 Literatur | литерату́ра | **469**
bis
474

Literatur

469 Literatur	литерату́ра
Weltliteratur	мирова́я ~
ausländische Literatur	зарубе́жная ~
russische Literatur	ру́сская ~
fremdsprachige Literatur	**литерату́ра** *на иностра́нных языка́х*
Gegenwartsliteratur	**совреме́нная литерату́ра**
Literatur des 20. Jahrhunderts	литерату́ра 20-ого ве́ка
klassische Literatur (Klassik)	**класси́ческая литерату́ра (кла́ссика)**
470 Belletristik	худо́жественная литерату́ра
die russische Dorfprosa	ру́сская дереве́нская про́за
Abenteuerliteratur	**приключе́нческая литерату́ра**
Kriminalliteratur	**детекти́вная литерату́ра**
Kinder-(Jugend-)literatur	**де́тская (ю́ношеская) литерату́ра**
Science fiction, utopische Literatur	**нау́чная фанта́стика**
471 literarisches Werk	литерату́рное произведе́ние
Werk, *auch:* Aufsatz	**сочине́ние**
Buch	**кни́га**
Roman	**рома́н**
Abenteuerroman	приключе́нческий ~
Novelle, Erzählung	**по́весть** *f.*
satirische Erzählung, Satire	сатири́ческая ~
Erzählung	**расска́з**
Kurzgeschichte	**коро́ткий ~**
Märchen	**ска́зка**, *G. Pl.* -зок
deutsche Volksmärchen	неме́цкие наро́дные ска́зки
Fabel	**ба́сня**, *G. Pl.* -сен
Fabeln von Krylow	ба́сни *Крыло́ва*
472 (Auto-)Biographie	(авто-)биогра́фия
autobiographisch	**автобиографи́ческий**
eine autobiographische Erzählung	~ расска́з
Briefe	**пи́сьма**, -сем
Tagebuch	**дневни́к**
473 Gedichte, Verse	стихи́
romantische Verse	романти́ческие ~
Roman in Versen	рома́н в стиха́х
Gedicht	**стихотворе́ние**
Lied	**пе́сня**, *G. Pl.* -сен
ein Lied nach Versen eines russischen Autors	~ *на стихи́* ру́сского а́втора
474 Sprichwort	посло́вица
Anekdote, *auch:* Witz	**анекдо́т**
Rätsel	**зага́дка**, *G. Pl.* -док

105   lesen **396** · Biographie **234** ff. · Interesse **350** ff. · Wertungen **97** ff., **362**

475 Autor(in), Verfasser(in) — **автор**
Schriftsteller(in) — **писа́тель(ница)**
Dichter(in), Lyriker(in) — **поэ́т (поэте́сса)**
Klassiker(in) — **кла́ссик**
Schaffen, Werk — **тво́рчество**
künstlerisches Schaffen — худо́жественное ~
das Schaffen von Gogol — тво́рчество Го́голя

476 Inhalt — **содержа́ние**
Hauptinhalt — гла́вное ~
kurze Inhaltsangabe — кра́ткое ~
Der Text handelt (von jmdm., etw.) — В те́ксте говори́тся *о ком, о чём?*
   — В те́ксте речь идёт *о ком, о чём?*

Thema — **те́ма**
Gedanke — **мысль** *f.*
Problem — **пробле́ма**
Hauptgedanke (Hauptproblem) — гла́вная мысль (гла́вная пробле́ма)
Das Problem besteht darin, daß … — Пробле́ма в том, что …

477 Text — **текст**
Textanalyse — ана́лиз те́кста
Überschrift, Titel, Aufschrift — **на́дпись** *f.*, **заголо́вок**, -вка
Teil — **часть** *f.*
Kapitel — **глава́**
ein Roman in sechs Kapiteln (Teilen) — рома́н в шести́ глава́х (частя́х)
sich gliedern — **дели́ться** *uv. на что*
Der Text gliedert sich in drei Abschnitte. — Текст де́лится *на три ча́сти.*
Der Text **besteht aus** drei Teilen (Kapiteln). — Текст **состои́т из** трёх часте́й (глав).
Seite (Absatz) — **страни́ца (абза́ц)**
Zeile — **стро́чка**, *G. Pl.* -чек
(Text-)Anhang — **приложе́ние (к те́ксту)**
Auszug, Ausschnitt, Fragment — **отры́вок**, -вка
Textausschnitte — отры́вки *из те́кста*
Akt, Aufzug — **де́йствие**
der erste Akt des Dramas — пе́рвое де́йствие дра́мы
Szene — **сце́на**
erste Szene des zweiten Aktes — пе́рвая сце́на второ́го де́йствия

478 Handlung — **де́йствие**
Ort und Zeit der Handlung — **ме́сто и вре́мя де́йствия**
Die Handlung beginnt mit der Begegnung … — Де́йствие начина́ется *со встре́чи* …
vor sich gehen, geschehen, stattfinden — **произойти́** → /**происходи́ть** →
Die Handlung spielt … — Де́йствие происхо́дит …
Handlungsentwicklung, Gang der Handlung — **разви́тие де́йствия**
Etappen der Handlungsentwicklung — эта́пы *в разви́тии* де́йствия

---

etwas beschreiben **392** · zeitliche, räumliche, logische Folge **60** ff.
Zusammenhänge **80** · Interesse, gefallen **350** ff. · Wertungen **97** ff., **362**

Einführung	введе́ние	**479** bis **483**
Handlungsknoten, Verwicklung	завя́зка	
Konflikt	конфли́кт	
Höhepunkt	кульминацио́нный пункт	
Lösung *(des Handlungsknotens)*	развя́зка	
Schluß	коне́ц, -нца́	

479 Person — лицо́, *Pl.* ли́ца

handelnde Person — де́йствующее ~

Die Erzählung ist in der Ich-Form geschrieben. — Расска́з напи́сан *от пе́рвого лица́.*

Gestalt, Figur, *auch:* Art und Weise — о́браз

Hauptgestalt — гла́вный ~, центра́льный ~

Held(in) — геро́й (геро́йня)

480 Publizistik — публици́стика

publizistisch — публицисти́ческий

ein publizistischer Text — ~ текст

Zeitung — газе́та

die heutige (gestrige) Zeitung — сего́дняшняя (вчера́шняя) ~

die neueste Zeitung — све́жая ~

Zeitschrift — журна́л

Jugendzeitschrift — молодёжный ~

Modezeitschrift (Kinderzeitschrift) — журна́л мод (журна́л для дете́й)

Journalist(in) — журнали́ст(ка)

481 abonnieren (eine Zeitung, eine Zeitschrift für ein Jahr) — **вы́писать** (-ишу, -ишешь)/**выпи́сывать** (газе́ту, журна́л *на год*)

zugestellt bekommen (eine Zeitung, eine Zeitschrift) — **получи́ть/получа́ть** (газе́ту, журна́л) **на́ дом**

482 Artikel — статья́

Nachricht — изве́стие

neueste Nachrichten — после́дние изве́стия

Zeitungsente — газе́тная у́тка, *G. Pl.* -ток

Kommentar — комме́нта́рий

(Rundfunk-, Fernseh-)**Reportage** — (ра́дио-, теле-) **репорта́ж**

Interview — интервью́ *n. indekl.*

ein Interview geben — дать → /дава́ть → интервью́

483 Werbung — рекла́ма

Autowerbung — ~ автомаши́н

Fernsehwerbung (Rundfunkwerbung) — телерекла́ма (радиорекла́ма)

Reklame machen (für jmdn., etw.) — с/де́лать рекла́му *кому́, чему́?*

Werbeprospekt — рекла́мный проспе́кт

Anzeige, Annonce, *auch:* Bekanntmachung — объявле́ние

Wohnungsanzeige — объявле́ние *о кварти́ре*

484 Kunst
bildende Kunst
angewandte Kunst
Kunstgeschichte
Malerei
Graphik (*künstlerisches Genre*)
Architektur
Bildhauerei
Fotografie

иску́сство
изобрази́тельное ~
прикладно́е ~
исто́рия иску́сства
жи́вопись *f.*
гра́фика
архитекту́ра
скульпту́ра
фотогра́фия

485 Kunstwerk
Original
Kopie
Reproduktion

произведе́ние иску́сства
оригина́л
ко́пия
репроду́кция

486 Künstler(in)
Maler(in), Kunstmaler(in)
Grafiker(in)
Designer
Fotograf(in)
Amateurfotograf(in)
Bildhauer(in)
Architekt(in)

худо́жник (худо́жница)
жи́вописец, -сца
гра́фик
диза́йнер
фото́граф
~-люби́тель
ску́льптор
архите́ктор

487 Bild
Ölgemälde
Porträt
Gruppenbild
Ikone, Heiligenbild
Graphik (*graphisches Werk*)
(Bleistift-)**Zeichnung**
Aquarell
Radierung
Holzschnitt
Karikatur
Comics
Plakat, Poster
Fotografie, Foto
Collage

карти́на
~ *ма́слом*
портре́т
группово́й ~
ико́на
гра́фика
рису́нок, -нка (*карандашо́м*)
акваре́ль *f.*
гравю́ра
~ на де́реве
карикату́ра
ко́миксы, -сов *Pl.*
плака́т
фотогра́фия
колла́ж

488 abbilden, darstellen

zeichnen, malen
mit Kreide zeichnen (in Öl malen)
nach der Natur (aus dem Gedächtnis)
malen
ein Bild malen
porträtieren

изобрази́ть (-ажу́, -ази́шь)/ **изобра-
жа́ть**
на/рисова́ть (-су́ю, -су́ешь)
~ *ме́лом* (~ *ма́слом*)
~ *с нату́ры* (*по па́мяти*)

на/писа́ть (пишу́, пи́шешь) **карти́ну**
на/писа́ть (пишу́, пи́шешь) **портре́т**

Interesse, gefallen **350** ff. · Wertungen **97** ff., **362**

489 Bildinhalt	сюже́т карти́ны	**489**
Komposition	компози́ция	bis
Vordergrund	пере́дний план	**493**
Hintergrund	за́дний план	
im Vorder- (Hinter-)grund	*на пере́днем (за́днем) пла́не*	
(Mal-)Farben	кра́ски, -сок	
Bildaussage, Bildidee	иде́я карти́ны	

490 fotografieren	с/фотографи́ровать (-рую, -руешь)
aufnehmen, fotografieren	снять (сниму́, -мешь)/**снима́ть**
Fotoapparat	фотоаппара́т
Polaroid, Sofortbildkamera	поларо́йд

491 Skulptur	скульпту́ра
Denkmal (für jmdn.)	па́мятник *кому?*
Baudenkmal	архитекту́рный ~
Denkmal für den Komponisten …	па́мятник *компози́тору* …
Siegesdenkmal	па́мятник *в честь побе́ды*
eine **Skulptur anfertigen**	с/де́лать скульпту́ру
modellieren	модели́ровать (-рую, -руешь) *uv.*

492 sammeln	собра́ть (-беру́, -берёшь)/ собира́ть
Abzeichen sammeln	~ значки́
sammeln, eine Sammlung haben	коллекциони́ровать (-рую, -руешь) *uv.*
Münzen (historische Stadtpläne) sammeln	~ моне́ты (истори́ческие пла́ны городо́в)
Sammlung, Kollektion	колле́кция
Sammler(in)	коллекционе́р
sich erhalten	сохрани́ться/сохраня́ться
Die Ikone ist gut erhalten.	Ико́на хорошо́ сохрани́лась.

493 ausstellen	вы́ставить (-влю, -вишь)/ выставля́ть
Ausstellung	вы́ставка, *G. Pl.* -вок
Weltausstellung	всеми́рная ~
Kunstausstellung	худо́жественная ~
Buchmesse	кни́жная ~
Sonderausstellung	специа́льная ~
Plakatausstellung	~ плака́тов
Blumenschau	~ цвето́в
eine Ausstellung **eröffnen**	откры́ть (-ро́ю, -ро́ешь)/ открыва́ть вы́ставку
Ausstellungskatalog	катало́г вы́ставки
Museum	музе́й
Museumsführung	экску́рсия по музе́ю
Museumsführer(in)	экскурсово́д по музе́ю
Galerie	галере́я
Gemäldegalerie	карти́нная ~

Feiern und Geselligkeit

494 **Feiertag**, Festtag, Feier, Fest — **пра́здник**
Nationalfeiertag — национа́льный ~
ein religiöser Feiertag — религио́зный ~
festlich, Feiertags-, Fest- — **пра́здничный**
Festessen — ~ обе́д
ein festliches Konzert — ~ конце́рт
feiern — **пра́здновать** (-ную, -нуешь) *uv.*
3 Tage lang richtig feiern — ~ 3 дня по-настоя́щему
begehen, feiern — **отме́тить** (-е́чу, -е́тишь)/**отмеча́ть**
Wir werden diesen Tag festlich begehen. — Мы торже́ственно отме́тим э́тот день.

495 **Ereignis** — **собы́тие**
ein wichtiges Ereignis — ва́жное ~
Geburtstag — **день рожде́ния**, *G.* дня
Hochzeit — **сва́дьба**
Wohnungseinweihung — **новосе́лье**
Jubiläum — **юбиле́й**

496 kirchlicher Feiertag — **церко́вный пра́здник**
Ostern, Osterfest — **Па́сха**
Ostereier — пасха́льные я́йца
Himmelfahrt — **Вознесе́ние**
Pfingsten — **Тро́ица**
Weihnachten — **Рождество́**
Weihnachts-, weihnachtlich — **рожде́ственский**
Weihnachtsbaum — рожде́ственская ёлка

497 **Jahrestag** — **годовщи́на**
Jahrestag der Oktoberrevolution — ~ Октя́брьской револю́ции
(Puschkins) **Todestag** — ~ **сме́рти** (Пу́шкина)
Hundertjahrfeier — **столе́тний юбиле́й**
Erster Mai — **Пе́рвое ма́я**
Frauentag — **Же́нский день** (8/III)
Muttertag — **День матере́й**
Kindertag — **День дете́й** (I/VI)

Glückwünsche Feste

498 **Fastnachtswoche**   ма́сленица
Karneval, Fasching   карнава́л
Jahrmarkt, *auch:* Messe   я́рмарка, *G. Pl.* -рок
Weihnachtsmarkt   новогодняя ~, рожде́ственская ~
Vergnügungspark   **луна-па́рк**
im Vergnügungspark   в луна-па́рке
Rummel, Schaubuden   **аттракцио́ны**, -ов *Pl.*
Neujahrsfest (Tannenbaum)   **Ёлка** (ёлка, *G. Pl.* -лок)
Neujahr   **Но́вый год**

499 **Glückwunsch**, Gratulation   **поздравле́ние**
Glückwunsch zum Geburtstag   ~ *с днём рожде́ния*
Glückwünsche entgegennehmen   приня́ть (приму́, при́мешь; -нял, -няла́, -няли)/принима́ть поздравле́ния
gratulieren   **поздра́вить** (-влю, -вишь)/ **поздравля́ть** *кого? с чем?*
der Freundin zum Geburtstag gratulieren   ~ *подру́гу с днём рожде́ния*

500 **Frohes Fest!** Ich gratuliere!   **С пра́здником!**
Herzlichen Glückwunsch zum Geburtstag!   С днём рожде́ния!
Herzlichen Glückwunsch zur Hochzeit!   С Днём сва́дьбы!
Herzlichen Glückwunsch zur neuen Wohnung!   С новосе́льем!
Frohe Ostern!   С Па́схой!
Frohe Weihnachten!   С Рождество́м!
Viel Glück im Neuen Jahr!   С Но́вым го́дом!

501 **Wunsch**, *auch:* Glückwunsch   **пожела́ние**
die allerbesten Wünsche   са́мые лу́чшие пожела́ния
Wunsch   **жела́ние**
Das ist mein Wunsch.   Это моё жела́ние.
wünschen   **по/жела́ть** *кому? чего?*
Ich wünsche Ihnen Gesundheit!   Жела́ю вам *здоро́вья!*
Wir wünschen dir, daß du bald Arbeit findest.   Жела́ем тебе́ ско́ро найти́ рабо́ту.
Alles Gute!   **Всего́ до́брого!** Всего́ хоро́шего!
Hals- und Beinbruch!   **Ни пу́ха, ни пера́!**

502 **Geschenk**   **пода́рок**, -рка
ein Geschenk mitbringen   принести́ → /приноси́ть → ~
schenken   **по/дари́ть** (дарю́, да́ришь) *кому, что?*
Blumen schenken   ~ цветы́
Blumenstrauß   **буке́т**
für   **для** *кого, чего?*
ein Blumenstrauß für die Mutter   буке́т для ма́тери
Vase   **ва́за**
Blumen in die Vase stellen   по/ста́вить (-влю, -вишь) цветы́ в ва́зу

503 danken
Ich danke Ihnen (euch) für die Einladung!
Danke.
Hab (Habt, Haben Sie) vielen Dank!
Danke für die freundlichen Worte.
Bitte. (Keine Ursache!)

по/благодари́ть *кого? за что?*
Благодарю́ *вас* за приглаше́ние!
Спаси́бо.
Большо́е тебе́ (вам) спаси́бо!
Спаси́бо за до́брые слова́!
Пожа́луйста. (Не́ за что!)

504 sich treffen

sich mit (bei) Bekannten treffen
treffen, begegnen, *auch:* empfangen, begrüßen
zufällig einen Bekannten treffen
Treffen, Begegnung
sich versammeln
sich in der Turnhalle versammeln

встре́титься (-е́чусь, -е́тишься)/
встреча́ться *с кем?*
~ со знако́мыми (у знако́мых)
встре́тить (-е́чу, -е́тишь)/**встреча́ть** *кого?*
случа́йно ~ знако́мого
встре́ча
собра́ться → /собира́ться →
~ в спортза́ле

505 einladen

zum Essen (zum Mittagessen) einladen
Ich bin von Bekannten eingeladen worden.
Einladung
eine Einladung schicken

Kommen Sie doch vielleicht (**sagen wir mal**) morgen.

пригласи́ть (-ашу́, -аси́шь)/
приглаша́ть *кого?*
~ за стол (на обе́д)
Меня́ пригласи́ли знако́мые.
приглаше́ние
посла́ть (пошлю́, пошлёшь)/ посыла́ть
приглаше́ние *кому?*
Приходи́те, **ска́жем**, за́втра.

506 **Mit Vergnügen!** Gern!
Ich komme ganz bestimmt.
Ja, natürlich komme ich.
Ich werde **leider nicht** kommen können.
Morgen habe ich schon etwas vor (bin ich schon besetzt).

С удово́льствием!
Я обяза́тельно приду́.
Я, коне́чно, приду́.
Я, **к сожале́нию**, **не** смогу́ прийти́.
За́втра я уже́ за́нят(а).

507 besuchen

Gast, Besucher(in)
zu Besuch gehen
zu Besuch sein
Besuch **empfangen**, *auch:* aufnehmen

Gastfreundschaft
gastfreundlich
eine gastfreundliche Familie

посети́ть (-ещу́, -ети́шь)/ **посеща́ть** *кого, что?*
гость *m.*
пойти́ → /идти́ → в го́сти
быть → *uv.* в гостя́х
приня́ть (приму́, при́мешь; -нял, -няла́, -няли)/ **принима́ть** госте́й
гостеприи́мство
гостеприи́мный
гостеприи́мная семья́

508 empfangen, begrüßen
den Gast am Eingang begrüßen

встре́тить (-е́чу, -е́тишь)/ **встреча́ть**
~ го́стя у вхо́да

---

bitten **384** · Verwandte, Bekannte **226** ff.

Begrüßung und Vorstellung

Gruß	приве́т
Grüß dich (euch)!	Приве́т!
Herzlich willkommen!	**Добро́ пожа́ловать!**
Guten Morgen!	**До́брое у́тро!**
Guten Tag! Sei(d) gegrüßt!	**Здра́вствуй!** (Здра́вствуйте!)
	До́брый день!
Guten Abend!	**До́брый ве́чер!**
Wie geht's? Wie steht's?	**Как дела́? Как живёшь** (живёте)?
Prima. *(umgangsspr.)*	**Здо́рово.**
Normal. Alles okay. Ganz gut.	**Норма́льно.**
Es geht. Einigermaßen. Mittelmäßig.	**Ничего́.** Так себе́. Сре́дне.
Was gibt es Neues?	**Что но́вого?**
Setz dich. (Setzen Sie sich. Setzt euch.)	**Сади́сь.** (Сади́тесь.)

509 **sich bekannt machen**, kennen-lernen	по/знако́миться (-млюсь, -мишься) *с кем, с чем?*
Machen wir uns bekannt!	Дава́йте познако́мимся!
	Бу́дем знако́мы!
Macht euch bekannt!	Познако́мьтесь!
Wir haben uns schon bekannt gemacht.	Мы уже́ познако́мились.
Wir kennen uns schon lange.	Мы уже́ давно́ знако́мы.
Ich freue mich, Sie zu sehen!	Я о́чень ра́д(а) ви́деть вас!
(jmdn.) **bekannt machen** (mit jmdm.)	по/знако́мить (-млю, -мишь) *кого? с кем?*
vorstellen	предста́вить (-влю, -вишь)/ представля́ть *кого, что?*
sich (gegenseitig) **vorstellen**	предста́виться (-влюсь, -вишься)/ представля́ться
erlauben, gestatten	разреши́ть/разреша́ть
Gestatten Sie, daß ich mich vorstelle!	Разреши́те предста́виться!
Sehr angenehm.	**О́чень прия́тно.**
Es freut mich, Sie kennenzulernen.	Прия́тно с ва́ми познако́миться.

510 Herr *(Anrede)*	господи́н, *Pl.* -ода́, -о́д
Frau *(Anrede)*	госпожа́
Meine Damen und Herren!	Да́мы и господа́!
Liebe Freunde!	Дороги́е друзья́!
Verehrte Gäste!	Уважа́емые го́сти!

511 **sich unterhalten**	разгова́ривать *uv.*
Spaß, Scherz, Witz	шу́тка, *G. Pl.* -ток
zum Scherz	*в шу́тку*
Ich bin nicht zum Scherzen aufgelegt.	Мне не *до шу́ток*.
scherzen, Späße machen	шути́ть (шучу́, шу́тишь) *uv.*
Sie scherzen wohl!	Вы шу́тите!
Anekdote, Geschichte, Witz	анекдо́т
eine lustige Geschichte erzählen	рассказа́ть (-ажу́, -а́жешь)/ расска́зы-вать смешно́й ~

Gratulation **499** f. · essen und trinken **269** ff. · rauchen **214**
Gespräch **377** ff. · Musik, Tanz **447** ff. · Bild-, Tontechnik **466** ff.

Abschied **Spaß und Spiel**

anfangen zu lachen, loslachen	**засмея́ться** (-ею́сь, -еёшься) v.
lachen	**смея́ться** (-ею́сь, -еёшься) uv. над кем, над чем?
über einen Witz lachen	~ над шу́ткой
lustig, komisch, lächerlich	**смешно́й**
Allen war lustig (zum Lachen) zumute.	Всем бы́ло смешно́.
Lächeln (mit einem Lächeln)	**улы́бка**, G. Pl. -бок (с улы́бкой)

512 Hobby — **хо́бби** n. indekl.
Mein Hobby ist … — Моё хо́бби – …
vorführen, zeigen — **про/демонстри́ровать** (-рую, -руешь)
sein neues Hobby vorführen — ~ своё но́вое хо́бби
basteln, reparieren, (selber) bauen — **с/мастери́ть**
Regale (selber) bauen — ~ по́лки

513 Spiel — **игра́**, Pl. и́гры
Brettspiel — насто́льная ~
Gesellschaftsspiel — обще́ственная ~
Laß(t) uns spielen! — **Дава́й(те)** игра́ть!
— Дава́й(те) поигра́ем!

spielen — **игра́ть** uv. во что?
Karten spielen (würfeln) — **~ в ка́рты (~ в ко́сти)**
Schach spielen — **~ в ша́хматы**
am Computer spielen — ~ на компью́тере
ein Frage-Antwort-Spiel machen — ~ в вопро́сы и отве́ты

514 Spielzeug, Spielsachen — **игру́шка**, G. Pl. -шек
Matchbox-Autos — **моде́ли маши́н**
Baukasten — **констру́ктор**
Puppe — **ку́кла**, G. Pl. ку́кол
mit Puppen spielen — игра́ть uv. в ку́клы
Ball (Spielgerät) — **мяч**
Fußball (Spielgerät) — футбо́льный ~
Ball spielen, mit einem Ball spielen — **игра́ть** uv. **в мяч**

515 sich verabschieden — **прости́ться** (-ощу́сь, -ости́шься)/ **проща́ться** с кем, с чем?

Es ist Zeit (für uns)! — **(Нам) Пора́!**
Wir müssen uns verabschieden! — Пора́ проща́ться!
Laß(t) uns gehen! Komm(t), wir gehen! — **Пойдём(те)!**
Los, fahren wir! — **Дава́й(те) пое́дем! Пое́хали!**
Wie schnell **die Zeit verflogen** ist! — Как бы́стро **вре́мя пролете́ло!**
Auf Wiedersehen! — **До свида́ния!**
Gute Nacht! — **Споко́йной но́чи!**
Bis zum nächsten Mal! — **До встре́чи!**
Bis bald! Bis dann! Tschüß! (umgangsspr.) — **Пока́!**
Mach's gut! Macht's gut! — **Счастли́во!**
Tschüß! Bleib(t) gesund! — **Будь здоро́в(а)! Бу́дьте здоро́вы!**

Interessen **350** · Sportspiele **560** ff. · Computerspiel **399**
gewinnen, verlieren **578** · Uhrzeit **37** ff. · Wünsche **500** f.

Verkehr und Reisen

516 Post	**по́чта**
zur Post gehen	идти́ ➝ best. на по́чту
Briefkasten, Postfach, Schließfach	**почто́вый я́щик**
Postbote (-botin), Briefträger(in)	**почтальо́н**
517 Brief	**письмо́**, Pl. пи́сьма, пи́сем
Einschreibebrief	**заказно́е письмо́**
Luftpostbrief	**письмо́ авиапо́чтой**
postlagernder Brief	**письмо́ до востре́бования**
(Brief-)Umschlag, Kuvert	**конве́рт**
Marke, Briefmarke, auch: Mark	**ма́рка**, G. Pl. -рок
Postkarte	**откры́тка**, G. Pl. -ток
Ansichtskarte	**откры́тка с ви́дом**
Päckchen, Paket, Sendung	**посы́лка**, G. Pl. -лок
Telegramm	**телегра́мма**
Glückwunschtelegramm	поздрави́тельная ~
518 Adresse, Anschrift	**а́дрес**
Meine Privatanschrift lautet:	**Мой дома́шний а́дрес:**
Neubrandenburg	г. Нойбранденбург
Einsteinstraße 15/9	ул. Эйнште́йна д. 15, кв. 9
Hausnummer (Wohnungsnummer)	**но́мер до́ма (но́мер кварти́ры)**
Postleitzahl	**почто́вый и́ндекс**
519 schicken, senden	**присла́ть** (пришлю́, -шлёшь)/**при-сыла́ть**
einen Brief (ein Päckchen) schicken	~ письмо́ (посы́лку)
mit der Post (per Luftpost) versenden	~ по по́чте (авиапо́чтой)
schicken	**посла́ть** (пошлю́, -шлёшь)/ **посыла́ть**
ein Telegramm (einen Gruß) schicken	~ телегра́мму (приве́т)
den Sohn zur Post schicken	~ сы́на на по́чту
520 Telegraf, Telegrafenamt	**телегра́ф**
Haupttelegrafenamt	гла́вный ~
telegrafisch	по телегра́фу

Stadtverkehr Telefonverkehr

521 Telefon	телефóн
Telefonautomat	телефóн-автомáт
Funktelefon	**радиотелефóн**
Telefonzelle	**таксофóн**
Telefonbuch	**телефóнный спрáвочник**
Telefonnummer	**нóмер телефóна**, *Pl.* номерá
Privattelefon, Privatnummer	**домáшний телефóн**
Diensttelefon, Dienstnummer	**служéбный телефóн**
Vorwahl	**код**
Anrufbeantworter	**автоотвéтчик**

522 Telefongespräch	разговóр по телефóну
telefonieren	**по/говорúть по телефóну** *с кем?*
anrufen	**по/звонúть** *кому?*
ans Telefon **rufen**	**по/просúть** (-ошý, -óсишь) к теле-фóну *кого?*
Ja, bitte. (Hallo!)	**Слýшаю. (Аллó!)**
Wer spricht dort? Hier ist ...	**Кто говорúт? Говорúт ...**
Der Anschluß ist gestört.	**Телефóн не рабóтает.**
Es ist besetzt.	**Зáнято.**
(Sie sind) **Falsch verbunden.**	**Вы не тудá попáли.**

523 Verkehr(swesen), Transport	трáнспорт
Stadtverkehr	городскóй ~
öffentliche Verkehrsmittel	общéственный трáнспорт *Sg.*
Verkehr, *auch:* Bewegung	**движéние**
Straßenverkehr	ýличное ~
Auto	**(авто)машúна, автомобúль** *m.*
Motorrad	**мотоцúкл**
Moped	**мопéд**
Fahrrad	**велосипéд**
Taxi	**таксú** *n. indekl.*
Bus, Autobus	**автóбус**
O-Bus, Trolleybus	**троллéйбус**
Straßenbahn, Tram	**трамвáй**
U-Bahn, Metro	**метрó** *indekl.*
S-Bahn, Regionalbahn, Vorortbahn	**электрúчка**, *G. Pl.* -чек

524 Fahrer(in)	водúтель
Busfahrer(in)	~ автóбуса
Führerschein	**водúтельские правá** *Pl.*
Fahrer(in), Chauffeur **(Taxifahrer)**	**шофёр (таксúст)**

525 fahren	по/éхать →
auf die Krim (nach Moskau) fahren	~ в Крым (в Москвý)
Laß uns losfahren!	Поéхали!
fahren, reisen	**éздить** (éзжу, éздишь) *unbest.*
aufs Land (ins Gebirge) fahren	~ зá город (в гóры)

Straßen- und Stadtverkehr

hinfahren, einen Abstecher machen	**съе́здить** (-е́зжу, -е́здишь) *v.*
abfahren, abreisen, wegfahren	**уе́хать** → /**уезжа́ть**
aus Minsk abreisen	~ из Ми́нска
vorbeifahren, -kommen, abholen	**зае́хать** → /**заезжа́ть**
Ich komme bei dir vorbei.	Я зае́ду *к тебе́.*
Ich hole dich ab.	Я зае́ду *за тобо́й.*
durchfahren, vorüberfahren, überqueren	**прое́хать** → /**проезжа́ть**
über die Brücke fahren	~ мост
zwei Kilometer zurücklegen	~ 2 киломе́тра
ankommen, erreichen, hinfahren, gelangen	**дое́хать** → /**доезжа́ть**
nach Kiew fahren, bis Kiew fahren	~ до Ки́ева
Wir sind da.	Дое́хали.
ankommen, kommen	**прие́хать** → /**приезжа́ть**
mit dem Auto (mit dem Zug) ankommen	~ *на маши́не (на по́езде)*
Da sind wir!	Прие́хали!
zurückkehren, zurückkommen	**возврати́ться** (-ащу́сь, -ати́шься)/ **возвраща́ться**
ein Auto **fahren**, lenken	**вести́** →, **води́ть** → маши́ну
mit dem Auto **fahren**	**е́хать** →, **е́здить** (е́зжу, е́здишь) *на маши́не*

526 Fahrrad
Radfahrer(in)
radfahren
spazierenfahren, herumfahren
(mit dem Rad)

велосипе́д
велосипеди́ст(ка)
ката́ться *uv.* на велосипе́де
поката́ться *v. (на велосипе́де)*

527 Straße
Weg
Autostraße
Autobahn
Kreuzung
auf der Kreuzung
Übergang, Unterführung
Verkehrsampel

у́лица
доро́га
автомоби́льная ~, автотра́сса
автостра́да
перекрёсток, -стка
на перекрёстке
перехо́д (че́рез у́лицу)
светофо́р

528 anhalten, stehenbleiben, *auch:*
verweilen, einkehren
bei Rot anhalten
Halten Sie an!
Stau
in den Stau kommen
zwei Stunden im Stau stehen

останови́ться (-влю́сь, -о́вишься)/
остана́вливаться
~ на кра́сный свет
Останови́тесь!
про́бка, *G. Pl.* -бок
попа́сть (-аду́, -адёшь) *v.* в про́бку
стоя́ть (-ою́, -оишь) *uv.* 2 часа́ в про́бке

529 Haltestelle
Straßenbahnhaltestelle
an der Bushaltestelle

остано́вка, *G. Pl.* -вок
~ трамва́я
на остано́вке авто́буса

abbiegen **556**

Station, Haltestelle	**ста́нция**
U-Bahnstation	~ метро́
an der U-Bahnstation	*на ста́нции* метро́
Parkplatz, *auch:* Haltestelle	**стоя́нка**, *G. Pl.* -нок
Taxihaltestelle	~ такси́
Tankstelle	**автозапра́вочная ста́нция**

530 Eisenbahn — **желе́зная доро́га**

Transsibirische Eisenbahn	Транссиби́рская ~
Zug	**по́езд**, *Pl.* -а́
Personenzug	**пассажи́рский по́езд**
Schnellzug	**ско́рый по́езд**
mit dem Zug **fahren**	**е́хать** →, **е́здить** (е́зжу, е́здишь) *на по́езде*
Zugschaffner(in)	**проводни́к (проводни́ца)**
Fahrgast, Passagier(in)	**пассажи́р(ка)**

531 Wagen, Eisenbahnwagen — **ваго́н**

Wagen erster Klasse	мя́гкий ~
Wagen zweiter Klasse	жёсткий ~
Platzkartenwagen	плацка́ртный ~
Schlafwagen	спа́льный ~
Speisewagen	**ваго́н-рестора́н**
Eisenbahnabteil, Zugabteil	**купе́** *indekl.*
Fahrkarte, *auch:* Eintritts-, Mitgliedskarte	**биле́т**
eine Fahrkarte 1. (2.) Klasse	~ в мя́гкий (в жёсткий) ваго́н
eine Fahrkarte nach Tula	~ в Ту́лу

532 Bahnhof — **вокза́л**

auf den Zug **warten**	**ждать** (жду, ждёшь) *uv.* по́езда
Wartesaal	**зал ожида́ния**
im Wartesaal	в за́ле ожида́ния
Gepäck (Sachen)	**бага́ж (ве́щи**, -е́й *Pl.*)
schweres Gepäck	тяжёлый бага́ж
Gepäckaufbewahrung	**ка́мера хране́ния**
das Gepäck in der Gepäckaufbewahrung abgeben	отда́ть → /отдава́ть → бага́ж *в ка́меру хране́ния*
Bahnsteig, *auch:* Plattform	**платфо́рма**
(das) **Einsteigen**, *auch:* Landung	**поса́дка**, *G. Pl.* -док
Nicht einsteigen!	*Поса́дки нет.*
einsteigen, sich setzen	**сесть** (ся́ду, ся́дешь)/**сади́ться** (сажу́сь, сади́шься)
in den Zug einsteigen	~ на по́езд

533 Fahrplan — **расписа́ние поездо́в**

Der Zug **fährt** von Bahnsteig 5 **ab.**	По́езд **отхо́дит** *с пя́той платфо́рмы.*
Der Zug **kommt** auf Bahnsteig 3 **an.**	По́езд **прибыва́ет** *на тре́тью платфо́рму.*

Pünktlichkeit **53** f.

Umsteigen, Anschluß | **переса́дка**, G. Pl. -док |
ohne Umsteigen | без переса́дки |
umsteigen | **с/де́лать переса́дку** |

534 fliegen — **лете́ть** (лечу́, лети́шь), **лета́ть**
mit dem Flugzeug fliegen — ~ на самолёте
Das Flugzeug fliegt nach Irkutsk. — Самолёт лети́т в Ирку́тск.
Wir sind schon oft geflogen. — Мы уже́ ча́сто лета́ли.
(los-)fliegen — **полете́ть** (-ечу́, -ети́шь) v.
Morgen fliegen wir nach Italien. — За́втра мы полети́м в Ита́лию.
durchfliegen, überfliegen — **пролете́ть** (-ечу́, -ети́шь)/ **пролета́ть**
Wir überfliegen den Baikalsee. — Мы пролета́ем над Байка́лом.

535 Flugzeug — **самолёт**
Hubschrauber — **вертолёт**
Pilot — **лётчик, пило́т**
Stewardeß (Steward) — **стюарде́сса (стю́ард)**

536 Flughafen, Flugplatz — **аэропо́рт**
auf dem Flughafen — в аэропорту́
die **Linie** Berlin – Moskau — **ли́ния** Берлин – Москва́
Fahrt, Reise, Tour, Flugnummer — **рейс**
die Tour Berlin – Moskau fliegen — лете́ть (лечу́, лети́шь) best. ре́йсом Берлин – Москва́

Flugticket — **авиабиле́т**
Flug — **полёт**
Flugzeit, Flugdauer — вре́мя полёта
Flugstrecke (Flughöhe) — маршру́т полёта (высота́ полёта)
abfliegen, starten — **вы́лететь** (-ечу, -етишь)/**вылета́ть**
Wir werden in 20 Minuten starten. — Мы вы́летим че́рез 20 мину́т.
ankommen (mit dem Flugzeug), landen — **прилете́ть** (-ечу́, -ети́шь) /**прилета́ть**
Wir sind gerade gelandet. — Мы то́лько-что прилете́ли.
Landung, auch: das Einsteigen — **поса́дка**, G. Pl. -док
Das Flugzeug setzt zur Landung an. — Самолёт идёт на поса́дку.

537 Schiffahrt — **морепла́вание**
Kreuzfahrt — **кру́из**
Schiff (größeres) — **кора́бль**, -ля́, G. Pl. -е́й
Dampfer (Motorschiff) — **парохо́д (теплохо́д)**
Flußpassagierschiff — **речно́й трамва́й**
Kahn, Boot — **ло́дка**, G. Pl. -док
Motorboot — мото́рная ло́дка
Hafen (im Hafen) — **порт** (в порту́)
Seehafen (Flußhafen) — морско́й ~ (речно́й~)
mit dem Schiff fahren — **плыть** (-ыву́, -ывёшь), **пла́вать на корабле́**

an Bord gehen — **сесть** (ся́ду, ся́дешь)/**сади́ться** (сажу́сь, сади́шься) **на кора́бль**

538 Reise, Fahrt
eine Reise in den Süden
(in den Norden ...)
ein Ausflug ins Grüne
sich auf die Reise machen, **sich** auf eine
Reise **vorbereiten**
Reise
reisen
durch das Land (ins Ausland) reisen
trampen
unterwegs sein
Ausflug, Exkursion
Dienstreise
Er ist auf Dienstreise.

пое́здка, G. Pl. -док
~ *на юг (на се́вер ...)*
~ *за́ город*
собра́ться (-беру́сь, -берёшься)/
собира́ться *в пое́здку*
путеше́ствие
путеше́ствовать (-вую, -вуешь) *uv.*
~ по стране́ *(за грани́цу)*
~ автосто́пом
быть → *uv. в доро́ге*
экску́рсия
командиро́вка, G. Pl. -вок
Он *в командиро́вке.*

539 Weg, Reise, *auch:* Gleis
der kürzeste Weg, Abkürzung
Rückweg, Rückreise
auf dem Rückweg
Glückliche Reise!
Fahrt
Rückfahrt

путь, -ти́ *m.*
са́мый коро́ткий ~
обра́тный ~
на обра́тном пути́
Счастли́вого пути́!
прое́зд
обра́тный ~

540 Freizeit
Ferien
sein *(manchmal, wiederholt),*
auch: vorkommen
In den Ferien ist der Junge meist bei der
Großmutter.
sich (eine Weile) **aufhalten**, weilen
In den Ferien hielt sich der Junge bei der
Großmutter auf.
Urlaub
im Urlaub sein
Erholung, Ruhe
Sommerurlaub, Sommerferien
sich erholen, ausspannen
in Urlaub (zur Erholung) fahren

свобо́дное вре́мя, -мени *n.*
кани́кулы, -кул *Pl.*
быва́ть *uv.*

Во вре́мя кани́кул ма́льчик быва́ет у
ба́бушки.
побыва́ть *v.*
Во вре́мя кани́кул ма́льчик побыва́л у
ба́бушки.
о́тпуск
быть → *uv. в о́тпуске*
о́тдых
ле́тний ~
отдохну́ть (-ну́, -нёшь)/**отдыха́ть**
уе́хать → /уезжа́ть *в о́тпуск (на о́тдых)*

541 Reisebüro
Information
in der Information
ein Hotelzimmer **bestellen**
einen **Stadtplan** kaufen
Fremdenführer(in), Reiseleiter(in)
Reiseleiter(in) und Dolmetscher(in)
Tourist(in)
Reisegruppe

бюро́ путеше́ствий *indekl.*
спра́вочное бюро́ *indekl.*
в спра́вочном бюро́
за/брони́ровать (-рую, -руешь) но́мер
купи́ть (-плю́, -пишь) *v.* **план го́рода**
гид
гид-перево́дчик (гид-перево́дчица)
тури́ст(ка)
тури́стская гру́ппа

542 Paß — па́спорт, *Pl.* -á
Visum — ви́за
Valuta, ausländische Währung — **(иностра́нная) валю́та**
Wechsel, Umtausch — **обме́н**
Wechselstelle — бюро́ обме́на *indekl.*
umtauschen, tauschen, wechseln — **обменя́ть/обме́нивать**
Mark in Rubel umtauschen — ~ ма́рки *на ру́бли*

543 **Hotel**, Gasthof — **гости́ница**
Hotelzimmer, *auch:* Nummer — **но́мер**, *Pl.* -á
Motel — **моте́ль** *m.*
Sanatorium, Erholungsheim — **санато́рий**
Ferienanlage — **ко́мплекс для о́тдыха**
Ferienhaus, Datsche — **да́ча**, *G. Pl.* -чей
Camping, Zeltplatz — **ке́мпинг**
Zeltlager — **пала́точный ла́герь**
Zelt — **пала́тка**, *G. Pl.* -ток
Jugendherberge — **тури́стская ба́за**, турба́за
im Hotel (in der Jugendherberge) — жить (живу́, живёшь) *uv.* в гости́нице
wohnen — *(на тури́стской ба́зе)*
Laß uns hier bleiben. — Дава́й остано́вимся здесь.

544 **baden** — **купа́ться** *uv.*
im Meer (im See, im Fluß) baden — ~ в мо́ре (в о́зере, в ре́чке)
braun werden — **загоре́ть** (-рю́, -ри́шь)/**загора́ть**
sich sonnen — **лежа́ть** (-жу́, -жи́шь) *uv.* **на со́лнце**
(Motor-)**Boot fahren** — **ката́ться** *uv.* **на** (мото́рной) **ло́дке**
Badestrand — **пляж**

545 **Wanderung**, Ausflug — **похо́д**
Rucksack — **рюкза́к**
Spaziergang, Spazierfahrt — **прогу́лка**, *G. Pl.* -лок
spazierengehen, *auch:* bummeln — **гуля́ть** *uv.*
durch den Park spazieren — ~ по па́рку
Blick, Ansicht, Aussicht — **вид**
ein phantastischer Blick aufs Meer — фантасти́ческий вид на мо́ре
mit Blick auf die Berge — с ви́дом на го́ры
Panorama, Rundblick — **панора́ма**
Picknick — **пикни́к**
Lagerfeuer — **костёр**, -тра́
am Lagerfeuer sitzen — сиде́ть (сижу́, сиди́шь) *uv.* у костра́

546 **Stadtbesichtigung**, Stadtrund- — **экску́рсия по го́роду**
gang, Stadtrundfahrt
Sehenswürdigkeiten ansehen, — **осмотре́ть** (-рю́, -ришь)/**осма́три-**
besichtigen — **вать** достопримеча́тельности
Besichtigung — **осмо́тр**
nach der Besichtigung der Festung — по́сле осмо́тра кре́пости

Stadtbesichtigung

547 Stadt — го́род, *Pl.* -а́
eine alte(rtümliche) Stadt — дре́вний ~
eine moderne Stadt — совреме́нный ~
Heimatstadt — родно́й ~
Partnerstadt — го́род-партнёр
... sind Partnerstädte. — ... – города́-партнёры.
Hauptstadt — столи́ца
Moskau — Москва́
Moskauer, Moskau- — моско́вский
Sankt Petersburg — Санкт-Петербу́рг
in Sankt Petersburg — в Санкт-Петербу́рге

548 Ort, Gemeinde — посёлок, -лка
Dorf *(größeres)* — село́, *Pl.* сёла, сёл
Dorf — дере́вня, *G. Pl.* -ве́нь
Vorort (von Frankfurt) — при́город (Фра́нкфурта), *Pl.* -ы

549 Stadtteil, Stadtbezirk, Stadtviertel — райо́н го́рода
Neubauviertel — микрорайо́н
(Stadt-)Zentrum — центр (го́рода)
zentral — центра́льный
Hauptgeschäftsstraßen — центра́льные у́лицы
Altstadt — ста́рый го́род
altertümliche Häuser — стари́нные дома́
Straße — у́лица
stille, ruhige Straße — ти́хая ~
Hauptstraße — гла́вная ~
Passage — пасса́ж
Gasse — переу́лок, -лка
in den kleinen Gassen — в ма́леньких переу́лках
Platz — пло́щадь *f.*
Marktplatz — ры́ночная ~
der Rote Platz (in Moskau) — Кра́сная пло́щадь (в Москве́)
kleiner Platz, Platz, *auch:* Plattform — площа́дка, *G. Pl.* -док

550 Fußgängerzone — пешехо́дная зо́на
durch die Fußgängerzone bummeln — гуля́ть *uv.* по пешехо́дной зо́не
Passant, Vorübergehender — прохо́жий
Souvenirs (Ansichtskarten) kaufen — купи́ть (-плю́, -пишь)/покупа́ть
сувени́ры (откры́тки с ви́дами)

Matrjoschka — матрёшка, *G. Pl.* -шек

551 Sehenswürdigkeit — достопримеча́тельность *f.*
Stadtmauer — городска́я стена́
Park — парк
Stadtpark — городско́й ~
Brücke (auf der Brücke) — мост *(на мосту́)*
eine Brücke über den Fluß — мост че́рез ре́ку

geographische Lage **115** · Wirtschaft **173** ff. · Geschäfte **307**

552 Gebäude
ein Gebäude aus Glas und Beton
viele moderne Gebäude
Das Gebäude wurde erbaut (von) …
Architektur
architektonisches Ensemble
Baudenkmal
Rathaus
ein gotisches Rathaus
(Heimat-)Museum
Palast, Schloß (im Schloß)
Kreml, Festung
im Moskauer Kreml
Festung, Burg
in der Festung
Turm
Spasski-Turm
Fernsehturm
Aussichtsturm
Tor
Brandenburger Tor

зда́ние
~ из стекла́ и бето́на
мно́го совреме́нных зда́ний
Зда́ние бы́ло постро́ено … *кем?*
архитекту́ра
архитекту́рный анса́мбль
архитекту́рный па́мятник
ра́туша
~ в сти́ле го́тики
(краеве́дческий) музе́й
дворе́ц, -рца́ *(во дворце́)*
Кремль *m.*
в Моско́вском Кремле́
кре́пость *f.*
в кре́пости
ба́шня, *G. Pl.* -шен
Спа́сская ба́шня
телеба́шня
наблюда́тельная вы́шка, *G. Pl.* -шек
воро́та, -ро́т *Pl.*
Бранденбу́ргские ~

553 Denkmal
ein Denkmal des russischen Zaren
Peters I.
Zar(in)
Zaren-, zaristisch
Zarenfamilie
herrschen, Zar sein
Zu dieser Zeit herrschte Iwan der
Schreckliche.
Fürst
Hier lebten früher russische Fürsten.
Gedenkstätte

па́мятник *кому?*
~ *ру́сскому царю́ Петру́ Пе́рвому*

царь *m.* (цари́ца)
ца́рский
ца́рская семья́
ца́рствовать (-вую, -вуешь) *uv.*
В то вре́мя ца́рствовал Ива́н Гро́зный.

князь, *Pl.* князья́, -зе́й *m.*
Здесь ра́ньше жи́ли ру́сские князья́.
мемориа́льный ко́мплекс,
мемориа́л

554 Kirche
in der Kirche
Dom, Kathedrale
der Kölner Dom
die Moskauer Kreml-Kathedralen
Kloster
Frauenkloster (Männerkloster)
ins Kloster gehen *(für immer)*
Friedhof
Grab
zum Grab (von Wysozkij) gehen

це́рковь, -кви *f.*
в це́ркви
собо́р
~ *в Кёльне*
собо́ры Моско́вского Кремля́
монасты́рь *m.*
же́нский ~ (мужско́й ~)
уйти́ → /уходи́ть → в монасты́рь
кла́дбище
моги́ла
посети́ть (-ещу́, -ети́шь)/посеща́ть
моги́лу (Высо́цкого)

Kulturstätten **439** ff., **462**, **493** · Skulpturen **491**
Gedenken an jmdn. **373** · Tod **245**

Stadtbesichtigung

555 gehen	идти́ →, ходи́ть →
zu Fuß gehen	~ пешко́м
kurz irgendwo hingehen	сходи́ть → *uv.*
kurz in ein Geschäft hineingehen	~ в магази́н
hineingehen, hereinkommen	войти́ → /входи́ть →
ins Zimmer kommen	~ в ко́мнату
hinaus-, herausgehen, aussteigen	вы́йти (вы́йду, вы́йдешь; вы́шел, -шла)/выходи́ть →
aus dem Zimmer gehen	~ из ко́мнаты
aus dem Bus steigen	~ из авто́буса
herangehen, -kommen, -treten	подойти́ → /подходи́ть →
an ein Schaufenster herantreten	~ к витри́не
gehen bis …, gelangen, erreichen	дойти́ → /доходи́ть →
bis zum Kaufhaus gehen, zum Kaufhaus gelangen	~ до универма́га
kommen, ankommen *(zu Fuß)*	прийти́ (приду́, придёшь; пришёл, -шла́)/приходи́ть →
nach Hause kommen	~ домо́й
weggehen, verlassen, fortgehen	уйти́ → /уходи́ть →
seine Heimatstadt verlassen	~ из родно́го го́рода
in Rente gehen	~ *на пе́нсию*
hinübergehen, überqueren	перейти́ → /переходи́ть →
die Straße überqueren	~ у́лицу
durchgehen, passieren, *auch:* vergehen	пройти́ → /проходи́ть →
den ganzen Weg zu Fuß gehen	~ всю доро́гу пешко́м

556 zeigen	показа́ть (-ажу́, -а́жешь)/пока́зывать
den Weg zeigen	~ доро́гу
Zeigen Sie mir bitte **den Weg** zum Zentrum!	**Покажи́те мне**, пожа́луйста, **доро́гу** в центр!
Ist es weit bis zum Zentrum?	**Далеко́ ли** до це́нтра?
Wo ist der nächste Taxistand?	**Где нахо́дится** ближа́йшая стоя́нка такси́?
hingelangen, kommen	попа́сть (-аду́, -адёшь)/попада́ть
Sagen Sie, wie komme ich ins Stadtzentrum?	Скажи́те, как мне попа́сть в центр го́рода?
Sie können zu Fuß dorthin gehen.	Туда́ вы мо́жете идти́ пешко́м.
Sie müssen über diese Straße gehen.	Вы должны́ перейти́ э́ту у́лицу.
Wie kommen wir zum Bahnhof *(per Fahrzeug)*?	**Как (нам) дое́хать** до вокза́ла?
Nehmen Sie den Bus Nr. 5.	Ся́дьте *на пя́тый авто́бус.*
Steigen Sie in den Bus Nr. 4 **um**!	**Переся́дьте** *на 4-ый авто́бус!*
Gehen Sie lieber zu Fuß!	Лу́чше иди́те пешко́м!
Biegen Sie rechts (links) **ab**!	**Сверни́те** напра́во (нале́во)!
Wie kommen wir zum Bahnhof *(zu Fuß)*?	**Как (нам) дойти́** до вокза́ла?
Gehen Sie rechts bis zum Kino und dann geradeaus.	Иди́те напра́во до кинотеа́тра, а пото́м пря́мо.

Stadtverkehr **523** ff.

Sport

557 Sport	спорт	**557**
Amateursport	люби́тельский ~	bis
Leistungssport	большо́й ~	**559**
Profisport	профессиона́льный ~	
Sport treiben	**занима́ться** *uv.* **спо́ртом**	
Leichtathletik betreiben	занима́ться *uv.* лёгкой атле́тикой	
sich für Sport begeistern	увлека́ться *uv.* спо́ртом	
Körperkultur, Sport	**физкульту́ра**	

558 Sportler(in)	спортсме́н(ка)
Profisportler	спортсме́н-профессиона́л
Amateursportler	спортсме́н-люби́тель *m.*
Sportart, Sportdisziplin	**вид спо́рта**
Lieblingssportart	люби́мый ~
olympische Sportarten	олимпи́йские ви́ды спо́рта

559 Athletik	атле́тика
Leichtathletik	лёгкая ~
Laufen, Lauf	**бег**
Kurzstreckenlauf	~ на коро́ткие диста́нции
Mittelstreckenlauf (Langstreckenlauf)	~ на сре́дние (на дли́нные) диста́нции
Staffellauf (Marathonlauf)	**эстафе́та (марафо́н)**
laufen, rennen	**бежа́ть** (бегу́, бежи́шь), **бе́гать**
loslaufen	**побежа́ть** (-егу́, -ежи́шь) *v.*
hineinlaufen	**вбежа́ть** (-егу́, -ежи́шь)/**вбега́ть**
Cross-(Gelände-, Wald-)**lauf**	**кросс**
Jogging	**джо́ггинг**
Gehen	**спорти́вная ходьба́**
gehen	**ходи́ть** → *unbest.*
Sprung	**прыжки́,** -ко́в *Pl.*
Hochsprung (Weitsprung)	~ **в высоту́ (~ в длину́)**
springen	**пры́гнуть** (-гну, -гнешь), **пры́гать**
Diskus-(Speer-, Hammer-)werfen	**мета́ние ди́ска (копья́, мо́лота)**
Kugelstoßen	**толка́ние ядра́**
Gewichtheben	**тяжёлая атле́тика**

Sportarten

Sportarten

560 Sportspiele	**спортивные игры**
Spiel	**игра**, *Pl.* игры
Heimspiel	~ на своём поле
Auswärtsspiel	~ на поле противника
Spielregeln	**правила игры**, *G.* -вил
Fußball, *auch:* Fußballspiel	**футбол**
American football	американский ~
Fußballspieler(in)	футболист(ка)
Handball	**гандбол**
Handballspieler(in)	гандболист(ка)
Basketball	**баскетбол**
Basketballspieler(in)	баскетболист(ка)
Streetball	**стритбол**
Volleyball	**волейбол**
Volleyballspieler(in)	волейболист(ка)
Rugby	**регби** *n. indekl.*
Rugbyspieler	регбист
Hockey	**хоккей**
Hockeyspieler(in)	хоккеист(ка)
Polo (Wasserpolo, Wasserball)	**поло** *indekl.* (водное ~)
561 Tennis, *auch:* Tennisspiel	**теннис**
Tennisspieler(in)	теннисист(ка)
Tischtennis	**настольный теннис**
Federball, Badminton	**бадминтон**
Golf	**гольф**
Minigolf	минигольф
Bowling	**боулинг**
Kegeln	**кегли**, -ей *Pl.*
Billard	**бильярд**
Spieler(in)	**игрок**, -ока
Federballspieler(in), Golfer(in) …	~ в бадминтон, ~ в гольф …
562 spielen	**играть** *uv.* во что?
Fußball spielen, Tennis spielen …	~ в футбол, ~ в теннис …
kegeln	**играть** *uv.* **в кегли**
auch: Sie **kann** Golf **spielen**.	Она **играет** в гольф.
563 Kampfsport, *auch:* Kampf	**борьба**
Boxen	**бокс**
Ringen	**борьба**
Judo	**дзюдо** *indekl.*
Karate	**каратэ** *n. indekl.*
Fechten	**фехтование**
Judo (Karate …) betreiben	заниматься *uv.* дзюдо (каратэ …)
Schießsport	**стрельба**
Bogenschießen (Pistolenschießen)	~ из лука (~ из пистолета)
schießen	**стрелять** *uv.*

564 Wandern, Touristik	тури́зм	**564**
Radwandern (Wasserwandern)	велосипе́дный ~ (во́дный ~)	bis
Bergwandern (Skiwandern)	го́рный ~ (лы́жный ~)	**567**
Wanderer (Wanderin), *auch:* Tourist(in)	**тури́ст(ка)**	
Alpinistik, Bergsteigen	**альпини́зм**	
Alpinist(in)	**альпини́ст(ка)**	
Touristik (Alpinistik) betreiben	занима́ться *uv.* тури́змом (альпини́з-мом)	

Sportarten

Wanderung — **похо́д**
Skiwanderung — лы́жный ~
wandern — **ходи́ть** ➜ *unbest.* **в похо́д**

565 Wintersport — **зи́мний спорт**
Skisport — **лы́жный спорт**
Ski laufen — **ходи́ть** ➜ *unbest.* **на лы́жах**
(das) **Skispringen** — **прыжки́ с трампли́на** *Pl.*
Bobsleigh — **бобсле́й**
Bobsleigh fahren — занима́ться *uv.* бобсле́ем
Schlitten — **са́нки,** са́нок *Pl.*
Schlitten fahren — ката́ться *uv.* на са́нках
eine Schneeballschlacht machen — **игра́ть** *uv.* **в снежки́**
Eislaufen, Eislauf — **конькобе́жный спорт**
Eisläufer(in) — **конькобе́жец**, -жца (**конькобе́жка,** G. *Pl.* -жек)

Schlittschuh laufen — **ката́ться** *uv.* **на конька́х**
Eishockey — **хокке́й с ша́йбой**
Eiskunstlauf — **фигу́рное ката́ние**
Eiskunstläufer(in) — **фигури́ст(ка)**
Eistanz — **спорти́вные та́нцы на льду** *Pl.*
Schaulaufen — **показа́тельное выступле́ние**
Eisrevue — **бале́т на льду**

566 Rollschuhlaufen — **ката́ние на ро́ликах**
Rollschuh laufen — **ката́ться** *uv.* **на ро́ликах**
Skateboard — **скейт(борд)**
Skateboard fahren — увлека́ться *uv.* ске́йтом

567 Rudern — **гре́бля**
Segeln — **па́русный спорт**
(Motor-, Segel-)**Boot fahren** — **ката́ться** *uv.* **на** (мото́рной, па́русной) **ло́дке**
paddeln — **ката́ться** *uv.* **на байда́рке**
Windsurfing, Surfen — **виндсёрфинг**
Schwimmen — **пла́вание**
schwimmen — **плыть** (плыву́, плывёшь), **пла́вать**
Wasserspringen — **прыжки́ в во́ду** *Pl.*
Sporttauchen — **подво́дный спорт**
Angelsport — **рыболо́вный спорт**

Sportstätten Sportarten

568 Gymnastik, Turnen — гимна́стика
Geräteturnen — спорти́вная ~
künstlerische Gymnastik — худо́жественная ~
Aerobic — аэро́бика
Tanzsport — танцева́льный спорт
Turniertanz — турни́рный та́нец, -нца

569 Autosport — автомобили́зм
Motorsport — мотоспо́рт
Radsport — велосипе́дный спорт, велоспо́рт
Pferdesport — ко́нный спорт
Flugsport — авиаспо́рт
Fallschirmsport — парашю́тный спорт
Drachenfliegen — дельтапланери́зм

570 Schachspiel, Schach — ша́хматы *Pl.*
Schach spielen — игра́ть *uv.* в ша́хматы
Schachturnier — ша́хматный турни́р

571 sportliche Betätigung — спорти́вные заня́тия *Pl.*
regelmäßige sportliche Betätigung — регуля́рные ~
Sportschule — спорти́вная шко́ла
Sportstunde (in der Schule) — уро́к физкульту́ры (в шко́ле)
Sportgemeinschaft, Sportverein — спорти́вное о́бщество
Training — трениро́вка, *G. Pl.* -вок
zum Training gehen *(regelmäßig)* — ходи́ть ➙ *unbest.* на трениро́вку
schwimmen gehen — ходи́ть ➙ *unbest.* пла́вать
trainieren — тренирова́ться (-ру́юсь, -ру́ешься) *uv.*
dreimal wöchentlich trainieren — ~ три ра́за в неде́лю
im Stadion trainieren — ~ на стадио́не
(jmdn.) **trainieren** — тренирова́ть (-ру́ю, -ру́ешь) *uv. кого?*
eine Schülergruppe trainieren — ~ гру́ппу шко́льников
Trainer(in) — тре́нер
Trainingslager — спорти́вный ла́герь, спортба́за

572 Sportplatz — спортплоща́дка, *G. Pl.* -док
(Spiel-)**Feld** — по́ле, *Pl.* поля́, -е́й
Turnhalle, Sporthalle — спортза́л
Schwimmbad, Bassin — (пла́вательный) бассе́йн
Stadion (im Stadion) — стадио́н *(на стадио́не)*
Stadion unter freiem Himmel — откры́тый ~
überdachtes Stadion (Eisstadion) — закры́тый ~ (ледо́вый ~)
Sportpalast (im Sportpalast) — Дворе́ц спо́рта, *G.* -рца́ (во Дворце́ спо́рта)

573 Wettkampf, Wettbewerb — соревнова́ние
Schwimmwettkampf — ~ по пла́ванию
Sportfest — пра́здник спо́рта

Tanz **457** ff. · Rundfunk-, Fernsehübertragung **436**

Wettkampf

Rennen, Wettlauf	**го́нка**, *G. Pl.* -нок
Radrennen	велого́нка, *G. Pl.* -нок
Autorennen	автого́нки, -нок *Pl.*
Motorradrennen	мотого́нки, -нок *Pl.*
Geländefahrt (Motocross)	**кросс (мотокро́сс)**
Pferderennen	**бега́**, -го́в *Pl.*
Regatta	**рега́та**
Turnier	**турни́р**
Match, Spiel	**матч**
Fußballspiel	футбо́льный ~
Spiel um den Europapokal	~ *на ку́бок* Евро́пы
Partie *(Schach)*, Satz *(beim Tennis)*	**па́ртия**

574 Meisterschaft   **пе́рвенство**

Landes-(Europa-, Welt-)meisterschaft	~ страны́ (Евро́пы, ми́ра)
Weltmeisterschaft im Boxen	пе́рвенство ми́ра *по бо́ксу*
Meisterschaft(skampf)	**чемпиона́т**
Europameisterschaft im Handball	~ Евро́пы *по гандбо́лу*
Meister(in), Champion	**чемпио́н(ка)**
Landesmeister(in)	~ страны́
Altmeister(in)	**эксчемпио́н(ка)**
Olympiade	**олимпиа́да**
Olympische Spiele	**Олимпи́йские и́гры**
Spartakiade	**спартакиа́да**

575 Teilnehmer(in)   **уча́стник (уча́стница)**

Sie war Teilnehmerin der Europameister-schaften im Schwimmen.	Она́ была́ *уча́стницей* пе́рвенства Евро́пы *по пла́ванию.*
teilnehmen	**уча́ствовать** (-вую, -вуешь) *uv. в чём?*
an Wettkämpfen teilnehmen	~ *в соревнова́ниях*
Mannschaft	**кома́нда**
Damenmannschaft	же́нская ~
Herrenmannschaft	мужска́я ~
Auswahlmannschaft	**сбо́рная**
Konkurrent(in)	**конкуре́нт(ка)**
ein starker Konkurrent	си́льный конкуре́нт
Schiedsrichter(in), Kampfrichter(in)	**судья́**, *Pl.* су́дьи, -де́й
Schiedsrichter beim Boxen	~ *по бо́ксу*

576 Publikum   **пу́блика**

Das Publikum war begeistert von …	Пу́блика была́ в восто́рге *от кого? от чего?*
Zuschauer(in)	**зри́тель(ница)**
als Zuschauer dabei sein	уча́ствовать (-вую, -вуешь) *uv.* как зри́тель *в чём?*
Fan	**боле́льщик**, фана́т
Anhänger(in), Fan sein	**боле́ть** (-е́ю, -е́ешь) *uv. за кого?*
Wir sind Fans von dieser Mannschaft.	Мы боле́ем *за э́ту кома́нду.*

Sieg und Niederlage

577 Resultat, Ergebnis
um beste Ergebnisse **kämpfen**

результа́т
боро́ться (-рю́сь, -решься) *uv.* за
высо́кие результа́ты

Ergebnis, Resultat
Wie ist das Ergebnis?
Erfolg
Rekord
persönlicher Rekord
Weltrekord (Europarekord)
einen Rekord **aufstellen**

счёт
Како́й счёт?
успе́х
реко́рд
ли́чный ~
мирово́й ~ (европе́йский ~)
установи́ть (-влю́, -вишь)/
устана́вливать реко́рд

Rekordhalter(in)
Rekordhalter war bis jetzt …
Platz
1. Platz
einen der ersten Plätze **belegen**

рекордсме́н(ка)
Рекордсме́ном до сих пор был …
ме́сто, *Pl.* места́
пе́рвое ~
заня́ть (займу́, займёшь)/ занима́ть
одно́ из пе́рвых мест

Tabellenführer sein
Medaille
Gold-(Silber-, Bronze-)medaille
Pokal
Europapokal

быть → *uv.* ли́дером
меда́ль *f.*
золота́я (сере́бряная, бро́нзовая) ~
ку́бок, -бка
~ Евро́пы

578 siegen, besiegen

победи́ть *(1. Person ungebr.)* /
побежда́ть *кого?*

im Wettkampf siegen
Sieg
ein knapper Sieg
Sieger(in)
Sieger wurde ein Außenseiter.
gewinnen (gegen jmdn.)
mit dem Ergebnis 3 : 1 gewinnen
eine Partie gegen den Meister gewinnen
verlieren (gegen jmdn.)
mit dem Ergebnis 3 : 1 verlieren
eine Partie gegen den Meister verlieren
im Wettkampf unterliegen
Niederlage
Verlierer(in)
unentschieden enden
Das Treffen endete unentschieden.

~ в соревнова́нии
побе́да
тру́дная ~
победи́тель(ница)
Победи́телем стал аутса́йдер.
вы́играть/выи́грывать *у кого?*
~ со счётом 3 : 1
~ па́ртию *у чемпио́на*
проигра́ть/прои́грывать *у кому?*
~ со счётом 3 : 1
~ па́ртию *чемпио́ну*
~ в соревнова́нии
пораже́ние
проигра́вший (проигра́вшая)
зако́нчиться *v.* вничью́
Встре́ча зако́нчилась вничью́.

579 disqualifizieren

дисквалифици́ровать (-рую, -руешь)
uv. кого?

gegen die Regeln verstoßen
Dopingtest
Dopingmittel einnehmen
Er wurde wegen Doping disqualifiziert.

нару́шить/наруша́ть пра́вила
тест на до́пинг
примени́ть/применя́ть до́пинг
Его́ дисквалифици́ровали за до́пинг.

Grundzahlen

0 ноль	
1 оди́н, одна́, одно́	(то́лько) оди́н день, одна́ ма́рка, одно́ ме́сто
2 два, две	два *дня*, два *ме́ста, две ма́рки*
3 три	три *дня (ме́ста, ма́рки*
4 четы́ре	четы́ре *дня (ме́ста, ма́рки)*

5 пять	10 де́сять	15 пятна́дцать
6 шесть	11 оди́ннадцать	16 шестна́дцать
7 семь	12 двена́дцать	17 семна́дцать
8 во́семь	13 трина́дцать	18 восемна́дцать
9 де́вять	14 четы́рнадцать	19 девятна́дцать
		20 два́дцать

пять (шесть, семь ... два́дцать) *дней (мест, ма́рок)*

20 два́дцать	50 пятьдеся́т	90 девяно́сто
30 три́дцать	60 шестьдеся́т	100 сто
	70 семьдеся́т	
40 со́рок	80 восемьдеся́т	

два́дцать оди́н *день* (два́дцать два *дня,* два́дцать пять *дней)*
два́дцать одна́ *ма́рка* (два́дцать *две ма́рки,* два́дцать пять *ма́рок)*
два́дцать одно́ *ме́сто* (два́дцать два *ме́ста,* два́дцать пять *мест)*

100 сто	200 две́сти	500 пятьсо́т
	300 три́ста	600 шестьсо́т
	400 четы́реста	700 семьсо́т
		800 восемьсо́т
		900 девятьсо́т

1000 ты́сяча	2000 две ты́сячи	5000 пять ты́сяч
(одна́ ты́сяча)	3000 три ты́сячи	6000 шесть ты́сяч
	4000 четы́ре ты́сячи	...

1 000 000 миллио́н	два миллио́на	пять миллио́нов
(оди́н миллио́н)	три миллио́на	шесть миллио́нов
	четы́ре миллио́на	...

1 000 000 000 миллиа́рд	два миллиа́рда	пять миллиа́рдов
(оди́н миллиа́рд)	три миллиа́рда	шесть миллиа́рдов
	четы́ре миллиа́рда	...

2 111 302 251 Mark   два *миллиа́рда* сто оди́ннадцать *миллио́нов*
      три́ста две *ты́сячи* две́сти пятьдеся́т одна́ *ма́рка*

Alphabetisches Verzeichnis der deutschen Wörter

Innerhalb der angegebenen Leitzahl (LZ) ist die russische Entsprechung zu finden. In einer LZ können mehrere russische Entsprechungen für ein deutsches Wort vorhanden sein!

Mehrere LZ bei einem Begriff verweisen auf verschiedene russische Äquivalente bzw. besondere Anwendungen des Wortes.

Kursiv gedruckte LZ weisen auf Wörter hin, die nicht in ihrer Grundform aufgeführt sind.

Zusätze in ( ) geben spezielle Verwendungsweisen an.

Beachten Sie beim Aufsuchen:

„*sich* freuen" s. „freuen"

„*das* Einsteigen" s. „einsteigen"   „Musik-" s. „Musik"

„*in der* Lage sein" s. „Lage"   „Schwimmwettkämpfe" s. „Wettkämpfe"

Nicht einzeln aufgeführt sind die Bezeichnungen für
Erdteile, Länder, Einwohner, Hauptstädte, entspr. Adjektive s. LZ 106 ff.
deutsche Bundesländer und ihre Hauptstädte s. LZ 109
Ozeane, Meere, große Seen s. LZ 118
Grundzahlen s. LZ 580

A

abbiegen *556*
abbilden 488
Abend 36
~brot, ~essen 270
~essen 270
~kasse 465
~veranstaltung 460
zu Abend essen 269
abendlich 36
abends 36
Abenteuerfilm 440
-roman 471

aber 79
abfahren 525, *533*
abfliegen 536
Abgemacht! 379
sich abgewöhnen 214
abhängen von … 153
abhängig 153
abholen 525
abholzen 137
Abitur 419
abkürzen 91
Abkürzung 91, 539
ablegen *(eine Prüfung)*
   432, *(Kleidung)* 300

ablehnend 99
Ablehnung 378
Abneigung 348
abonnieren 481
Abrechnung 318
abreisen 525
abreißen 179
Absage 378
Absatz *(im Text)* 477
abschließen 243
Abschlußzeugnis 419,
   432
absetzen
   (z. B. Hut, Ring) 300

einen Abstecher machen 525
absolut 327
Abzeichen 492
achten 353
achter 63
Achtung 353
Ackerbau 176
Adjektiv 423
Adresse 518
Adverb 423
Adverbialpartizip 423
Aerobic 568
Agronom(in) 190
ähnlich 69, 55
Aids *253*
Akkordeon 453
akkurat 329
Akkusativ 424
Akrobat(in) 446
Akt *(im Theaterstück)* 477
aktiv 332
aktuell 84
Alkoholiker(in) 169
alkoholisch *281*
Alkoholismus 169
alle(s) 74
allein(stehend) 259
alleinerziehend 259
allerdings 58
Allergie *220*
Alles Gute! 501
allgemein 73
Allgemeinbildung 402
alljährlich 32
im allgemeinen 73
alltäglich *(normal)* 101
allzu 85
Alphabet 421
alphabetisch 412
Alpinist(in) 564
Alpinistik 564
als *(zeitl.)* 23,
  (Vergleich) 55
als ob 199
also 64
alt 82, 83
alt werden, altern 244
alte Frau, alter Mann 225

das Alter 236
älter *(nicht mehr jung)* 225
älter, ältester 236
alternativ *141*
altertümlich 83
Altmeister(in) 574
~stadt 549
Amateurfotograf(in) 486
-sport 557
American football 559
an *(räuml.)* 12,
  (zeitl.) 31, 36
an *(etw. denken)* 375
anbauen 134
anbieten 385
Anblick 197
anderer 66
andererseits 383
anders 55
Anekdote 511
anerziehen 409
anfangen 60
anfangs 60
anfertigen 491
anführen
  (ein Beispiel) 427
angehören 147
Angelegenheit 380
angeln 128
Angelsport 567
angenehm 338, 509
Angenehm. *(Vorstellung)* 509
angesehen 361
Angestellte(r) 186
angewandte Kunst 484
Angina 216
angrenzen 111
angrenzend 11
Angst 335
ängstlich 335
anhalten 528
Anhang 477
Anhänger *(Schmuck-stück)* 299
Anhänger(in) 576
ankommen *(zu Fuß)* 555,
  (Zug) 532,
  (Fahrzeug) 525,

(Flugzeug) 536
sich anmelden 396
annehmen *(akzeptieren)* 385
Annonce 483
Anorak 295
anprobieren 300
Anrufbeantworter 521
anrufen 522
anschauen 206
Anschauung 380
Anschein 199
anscheinend 199
Anschluß 533
anschreien 388
Anschrift 518
ansehen 206
Ansehen 361
Ansicht 380, 545
Ansichtskarte 517
in Anspruch nehmen 155
Antipathie 348
Antwort 378
antworten 378
Anzahl 86, 314
Anzeige 483
anziehen 300
Anzug 295
Apfel 279
Apfelsine 279
Apotheke 219
Appetit 283
April 29
Aquarell 487
Aquarium 130
Arbeit 191
~geber(in) 184
~nehmer(in) 186
arbeiten 191,
  (geistig) 410,
  (jobben) 241
Arbeiter(in) 186
arbeitsam 331
Arbeitsamt 194
-gemeinschaft 407
-kraft 192
-markt 192
-lehre 407
-platz, -stelle 192

137

Eislaufen 565
-läufer(in) 565
-revue 565
-stadion 572
-tanz 565
Eisenbahn 530
~abteil, ~wagen 531
Elektriker 189
Elektrogitarre 453
-industrie 174
Elektronische Industrie
174
Elend 167
elfter 63
Elster 127
Eltern 226
~haus 263
empfangen 507, 508
empfehlen 386
empfinden 342
Ende 61
zu Ende gehen 61
endlich 61
Endung 425
eng 92
Englisch (Schulfach) 407
auf englisch 420
Enkel(in) 229
Ensemble 452
Ente 127
entfernt 10
Entfernung 112
entgegen 16
entgegengesetzt 16
entgegennehmen 499
entlang 20
entlassen 193
sich entscheiden 311
Entscheidung 415
entschieden 334
entschlossen 334
Entschlossenheit 334
entschuldigen 390
entstehen 137
entweder ... oder 79
entwickeln 180
Entzücken 356
Enzyklopädie 412
Epidemie 168

er 67
erbauen 179
erblicken 206
Erde 102
Erdgeschoß 265
sich ereignen 138
Ereignis 495
erfahren 369
Erfahrung 365
Erfolg 361
erforderlich 312
Erforschung 431
erfreut 343
erfüllen 100
ergänzen 393
Ergebnis 65, (Sport) 577
erhalten (bekommen) 315,
(bewahren) 140,
(sich ~) 140
erheben (die Gläser) 282
sich erholen 540
Erholung 540
Erholungsheim 543
sich erinnern 373
Erinnerung 373
erkennen 369
sich zu erkennen geben
254
erklären 381
Erklärung 381
erklingen 209
erkranken 215
sich erkundigen 378
Erlaß 156
erlassen
(herausgeben) 156
erlauben 509
erläutern 381
erlernen 408
Erlernen 431
ermorden 171
ermüden 211
ernähren 284
ernsthaft 329
ernten 134
eröffnen 493
erörtern 377
Erotik 251
erotisch 251

erreichen (zu Fuß) 555,
(Fahrzeug) 525,
(rechtzeitig) 54
errichten 179, 181
erscheinen 310
erschwinglich 261
erst (zuerst) 60,
(nicht früher als ...) 53
Erstaunen 98
erstaunlich 98
erstellen 401
erstens 63
erster 63
Erster Mai 497
erteilen 418
ertönen 209
erwachsen 225
der, die Erwachsene 225
erwünscht 255
erzählen 375
Erzählung 471
erzeugen 178
Erzeugnis 178
erziehen 409
Erziehungswissenschaft
407
es 67
Eßbesteck 288
-zimmer 266
essen 269
zu essen geben 284
Etage 265
Etappe 478
Ethik 407
etwa 383
etwas 68
~ mehr, ~ größer 88
euer 323
Europameisterschaft 574
-pokal 577
-rekord 577
ewig 45
Examen 432
Existenzminimum 168
es existiert 310
Exkursion 538
Experiment 431
extravagant 72

F

Fabel 471
Fabrik 175
Fachmann, -frau 187
-raum 411
fähig sein 364
Fähigkeit 363
fahren 525,
  (Schiff) 537,
  (transportieren) 183,
  (spazierenfahren) 526
Fahrer(in) 524
Fahrgast 530
-karte 531
-plan 533
-rad 526
-stuhl 265
Fahrt 536, 538, 539
Fahrzeugbau 174
Fakt 427
Fall (Kasus) 424,
  (im vorliegenden ~) 383
fallen (im Krieg) 245
falls 58
Fallschirmsport 569
falsch 417
falsch verbunden 522
Familie 238
Familienname 235
Fan 576
fangen 128
Farbe 94
Farben (Mal~) 489
färben (Haare) 306
farbig, farblos 94
Farm 176
Fasching 498
Faschingskostüm 295
faschistisch 166
fast 85
Fastnachtswoche 498
faul 331
Fausthandschuhe 294
Fax(gerät) 397
faxen 397
Februar 29
Fechten 563
Federball 561

Fehlen 314
Fehler (Irrtum) 417,
  (Mangel) 314
Fehlerkorrektur 417
Feier 494
~tag 494
feiern 494
fein 201
Feinkostgeschäft 307
Feld 133
Felsen 120
Femininum 424
Fenster 267
Ferien 540
~anlage 543
~haus 543
fern (räuml.) 10,
  (zeitl.) 46
Ferner Osten 113
Fernsehapparat 466
-auftritt 445
-film 436
-gerät 434
-sender 434
-sendung 436
-serie 436
-show 436
-spiel 436
-turm 552
-übertragung 436
-zuschauer(in) 434
fernsehen 434
Fernseher 434
Fest 494, 460
~essen 494
~spiele 461
~tag 494
feste Arbeit 191
Festival 461
festlich 494
Festung 552
Fichte 132
Fieber 216
Figur 201,
  (literarische) 479
Film 440
~komödie 440
~musik 448
~schauspieler(in) 443

Filzstift 414
finden 313
Finger 202
Firma 175
Firmengründer 181
Fisch 128
~salat 271
~suppe 273
Fischer(in) 190
flach 90
Fläche 110
Flasche 287
Fleisch 274
~platte 271
fleißig 331
fliederfarben 96
fliegen 534
Flirt 248
Flöte 453
Flug 536
~dauer 536
~hafen, ~platz 536
~höhe 536
~nummer 536
~sport 569
~strecke 536
~ticket 536
~zeit 536
Flügel (Musikinstrument)
  453
Flugzeug 535
~konstrukteur(in) 188
~unglück 245
~werk 175
Fluß 118
~passierschiff 537
folgen 64
folgender 63
folglich 64
fordern 141
Forderung 141
in Form sein 341
Forstwirtschaft 176
fortgehen 555
im fortgeschrittenen Alter
  225
fortsetzen 62
Fotoapparat 490
Fotograf(in) 486

Gott sei Dank! 148
Grab 554
Grad 124
Grafik 484, 487
Grafiker(in) 486
Grammatik 424
Gratulation 499
gratulieren 499
grau 95
Graupen 277
Greenpeace-Aktionen
139
Greis(in) 225
grell 93
Grenze 111
grenzen 111
Grippe 216
grob 340
Grobheit 340
groß 88, (bedeutend) 97,
(Körpergröße) 90,
(Kleidung) 301
~ werden 133
großartig 98
Großbäckerei 175
Größe 87,
(Bekleidung) 301
Großmutter, -vater 229
Grube 175
grün 96
gründen 181
Gründer(in) 181
Grundgesetz 156
-kurs 407
-lage 56
-rechte 155
-schule 403
-wasser 136
grundsätzlich 327
Gründung 181
Gruppe 160
in Gruppen arbeiten 416
Gruppenbild 487
Gruß 508
Grüß dich! 508
Grütze 277
Gurke 276
gut 98, 339
Gut. 379

Güte 339
Gute Nacht! 515
Guten Abend! 508
Guten Morgen! 508
Guten Tag! 508
gütig 339
Gymnasium 403
Gymnastik 568

H

Haare 203
haben 322, 316
Hafen 537
hager 201
halb 40
Halbinsel 119
-schuhe 298
halbtrocken 281
Halbwaise 238
Halbwüchsiger 224
Hälfte 85
Halle 463
Hallo! 522
Hals- und Beinbruch! 501
halten von ..., für ... 380
Haltestelle 529
Hammerwerfen 559
Hamster 126
Hand 202
~schuhe 294
~werk 189
Handball 560
~spieler(in) 560
Handel 183
handeln
(Handel treiben) 183
handeln von ... 476
handelnde Person 479
Handelsstraße, -weg 183
Händler 183
Handlung 478
Handlungsentwicklung
478
-knoten 478
Hardrock 448
Harmonika 453
häßlich 200
häufig 50

Haupt- 97
~geschäftsstraßen 549
~gestalt 479
~rolle 444
~sache 97
~schule 403
~stadt 108
hauptsächlich 97
Haus 263
~aufgabe(n) 410, 415
~frau 196
~herr(in) 184
~nummer 518
~tiere 126
~wirtschaft 407
nach Hause, zu Hause
263
Havarie 138
Heft 413
heilen 220
Heiligenbild 487
Heilkunde 218
Heimarbeiter(in) 186
-spiel 559
Heimat, ~land 145
~museum 552
~stadt 547
heimatlich 145
heiraten 257
heiß 124, 280
heißen 235
das heißt 64
Hektar 110
Held(in) 479
helfen 352
Helfer(in) 433
hell 93
Hemd 295
herangehen, -kommen,
-treten 555
herausgeben 395
herausgehen 555
herausschreiben 391
Herbst 28
herbstlich 28
hereinkommen 555
Herr (Anrede) 510
Herrenjacke 295
herrlich 98

Jahrmarkt 498
-tausend, -zehnt 26
Jahresmitteltemperatur
 136
-tag 497, 26
-zeit 28
jahrhundertelang 25
jährlich 32
Januar 29
Jazz 448
je ... desto 55
Jeans 295
~mode 303
~rock 295
jeder 75
jedoch 58
jener 75
jenseits 15
jetzig 24
jetzt 43
jobben *241*
Jogging 559
~anzug 295
Jongleur(in) 446
Journalist(in) 480
Jubiläum 495
jüdisch *147*
Judo 563
Jugend 224
~herberge 543
~klub 462
~literatur 470
~theater 441
Jugendlicher 224
Juli 29
jung 224
Junge 227
jünger, jüngster 236
Juni 29
Jurist(in) 185

K

Kaffee 280
~kanne 287
Käfig 130
Kahn 537
Kakao 280

kalkulieren 318
kalt 124
Kältepol 104
Kamerad(in) 231
kämpfen 577
Kampf 563,
~richter(in) 575
~sport 563
Kanal 118
Kanarienvogel 127
Kaninchen 126
man kann 364
Kantine 289
Kapitel 477
Karate 563
Karikatur 487
Karneval 498
Karriere *242*
Karrierist(in) 349
Karte *(Eintritts~)* 465,
 (Fahr~) 531,
 (geogr.) 412
Karten spielen 513
Kartoffel(n) 277
Kartoffelsuppe 273
Käse 272
Kasse 465
Kassette 467
Kassettenrecorder 466
kastanienbraun 96
Kasus 424
Katalog 493
Katastrophe 135
Kathedrale 554
katholisch 149
Katze 126
kaufen 315
Käufer(in) 315
Kaufhaus 307
-mann 183
Kaviar 271
Kefir 280
Kegeln 561
kegeln 562
Keine Ursache. 503
kein(er) 66, 67
keinesfalls 379
Keller 265
Kellner(in) 291

kennen 369
kennenlernen 509, 369
sich kennenlernen 246
Kenntnis 369
Kette 299
Keyboard 453
Kiefernwald 132
Kilometer 112
Kind 227
ein Kind austragen 255
Kinder haben 238
Kinder *(Anrede)* 224
Kinderfilm 440
-frau 229
-garten 239
-literatur 470
-sterblichkeit 168
-tag 497
-tagesstätte 239
-zimmer 266
Kindesalter 236
Kindheit 239
Kino 439
~karte 465
~kasse 465
Kiosk 307
Kirche 150, 554
Kirchenmusik 150
kirchlich 150
Kita 239
Klang 209
klar 93
Klasse *(Schul~)* 405,
 (Raum) 411,
 (Eisenbahn) 531
in der... Klasse sein 241
Klassenarbeit 417
-buch 405
-kamerad(in) 406
-lehrer(in) 409
-raum 411
-sprecher(in) 406
Klassik 469
Klassiker(in) 475
klassisch *469, 451*
Klausur 417
Klavier 453
~stück 450
Kleid 295

Marathonlauf 559
Märchen 471
Mark 321
Marke 517
Markt 307
~platz 549
~preis 317
~wirtschaft 173
Marsch 457
März 29
Maschinenbau 174
~betrieb 175
Maskulinum 424
Maßnahme 141
Match 573
Matchbox-Autos 514
Mathematik 407
Matrjoschka 550
Mauer 267
Maurer 189
Maus 398
Mazurka 457
Mechaniker 189
Medaille 577
Medizin *(Arznei)* 221,
 (Heilkunde) 218
medizinisch 218
Meer 118
~schweinchen 126
Meeresspiegel 118
Mehl *285*
mehr 85, (~ als) *37*
~ oder weniger 85
Mehrdeutigkeit 422
Mehrheit 86
Mehrlinge 228
mein 323
Mein Gott! 148
meinen 380
meinetwegen 379
Meinung 380
Meister(in) *(im Sport)* 574
Meisterschaft
 (im Sport) 574
Melodie 450
Menge 85
Mensch 222
Menschenrechte 155
menschlich 142

Menü *(Speisenfolge)* 290,
 (Computer) 400
merken 372
sich merken 373
Messe 498
Messer 288
Metallindustrie 174
Meteorologe, Meteoro-
 login 188
Metro 523
Miete 261
mieten 262
Milch 280
~kaffee 280
Militärdienst 165
-diktatur 166
militärisch 163
Mineralwasser 280
Minigolf 561
Minirock 295
minus 124
Minute 38
minutenlang 38
Mischwald 132
Mitarbeiter(in) 185
Mitglied 159
Mitgliedskarte 531
Mitleid 346
Mitschüler(in) 406
Mittagessen 270
zu Mittag essen 269
Mitte 6
mitteilen 374
mitteilsam 337
Mitteilung 374
Mittel 221
Mittelalter 25
-schulbildung 402
-schule 403
-streckenlauf 559
mittelgroß 100
mittelmäßig 100, 508
mittlerer 63
Mittwoch 34
Möbel 268
ich möchte 333
Mode 303
~atelier 303
~schmuck 299

modellieren 491
Modenschau 303
modern 293
~ sein 303
mögen 356
möglich 364
Möglichkeit 364
mollig 201
Monat 29
monatlich 32
Monitor 398
Montag 34
Monteur 189
Moped 523
morgen 33
der Morgen 36
morgendlich 36
morgens 36
morgig 33
Moskauer *(Adjektiv)* 547
Motel 543
Motocross 573
Motorboot 537
-rad 523
-radrennen 573
-schiff 537
-sport 569
müde 211
Müdigkeit 211
Mühe 191
sich Mühe geben *390*
mühelos 191
mühsam 191, 81
multinational 144
Mund 204
~harmonika 453
Münze 321
Museum 493
Museumsführer(in) 493
-führung 493
Musical 450
Musik 447
~festival 461
~film 440
~instrument 453
~schule 403
~stück 450
~unterricht 410
musikalisch 447

reparieren 512
Reportage 482
Reproduktion 485
Republik 151
Respekt 353
respektvoll 351
Ressourcen 116
Restaurant 289
restlich 75
Resultat 577
Resümee 415
retten 140
Rettung 140
Rettungsdienst 218
Rezept 220
Rheinländer *(Tanz)* 457
richtig 417, 379, 494
Richtung 4
riesig 88
Ring 299
Ringen 563
ringsum 7
Risiko 137
Rock
   (Kleidungsstück) 295
Rock(musik) 448
Rock and Roll 448
Rockgruppe 452
-musiker(in) 451
-oper 450
Rolle 444
eine Rolle einstudieren
   444
eine Rolle spielen 97
Rollschuh laufen 566
Roman 471
romantisch *473*
rosa 96
Rosen- 96
rot 96
Rote-Bete-Suppe 273
rothaarig 96
Rubel 321
Rück- 16
~fahrt, ~reise, ~weg 539
Rucksack 545
rückwärts *(räuml.)* 16,
   (zeitl.) 47
Rudern 567

einen guten Ruf haben
   361
Rugby 560
~spieler(in) 560
Ruhe 540
~tag 308
ruhig 336
Rumba 457
Rummel 498
Rundblick 545
Rundfunk 435
~hörer(in) 435
~sender 435
~sendung 436
~übertragung 436
Russisch *(Schulfach)* 407
auf russisch 420
Rüstungsindustrie 163

S

S-Bahn 523
Saal 463
Sache *(Angelegenheit)*
   380
Sachen *(Dinge)* 532
sachlich 182
sächlich 424
Saft 280
sagen 375
~ wir (mal) 505
Sahne 278, *(saure ~)* 271
Salat 271
Salz 286
Samba 457
sammeln 492
Sammler(in) 492
Sammlung 492
Samowar 287
Sanatorium 543
Sandaletten 298
Sandwich 272
sanft 252
Sänger(in) 456
Satire 471
satirisch *471*
Satz 426,
   (beim Tennis) 573

sauber 213
saubermachen 130
sauer *(Regen)* 136
Sauna 213
saure Sahne 271
Saxophon 453
Schach(spiel) 570
-turnier 570
Schach spielen 570
Schacht *(Bergwerk)* 175
schade 346
schaffen 180, 179
Schaffen *(Arbeit)* 191,
   (künstlerisches ~) 475
Schaffung 180
Schal 294
Schallplatte 467
scharf *288*
scharfsinnig 367
Schaschlyk 274
schätzen 356
Schaubuden 498
-fenster 310
-laufen 565
-spiel 442
Schauspieler(in) 443
sich scheiden lassen 258
Scheidung 258
scheinen
   (Anschein haben) 199,
   (Sonne) 123
Schema 413
schenken 502
Scherz 511
scherzen 511
scheu 335
schicken 519
Schicksal 234
Schiedsrichter(in) 575
schießen 563
Schießsport 563
Schiff 537
~fahrt 537
~bau 174
Schildkröte 126
Schlacht 21
schlafen 211
Schlafwagen 531
-zimmer 266

Stereoanlage 466
-recorder 466
Steuerberater(in) 185
Steward(eß) 535
Stiefel 298
Stiefeletten 298
Stiefmutter, -vater 226
Stift 414
Stil 449
still 210
es stimmt 379
Stimmung 341
Stipendium 430
Stockwerk 265
Stolz 360
stolz 360
stören 388, 137
Straße 549
Straßenbahn 523
~haltestelle 529
Straßenverkehr 523
Streetball 559
streiten 388
Strümpfe 296
Strumpfhosen 296
Stück 442
Student(in) 430
Studienjahr 430
studieren 430, 408
Studium 431
Stuhl 268
Stunde 37,
   (Unterrichts~) 410
stundenlang 38
Stundenplan 410
stupsnasig 204
subjektiv 380
Substantiv 423
suchen 313
Süden 103
südlich 103
Südpol 104
Suffix 425
Summe 321
super 98
Suppe 273
Surfen 567
Süßigkeiten 278
Sympathie 348

sympathisch 348
Synthesizer 453
Szene 477,
   (Techno~) 448

T

T-Shirt 295
Tabelle 413
Tabellenkalkulation 399
-führer 577
Tablette 221
Tafel 411
Tag 31
~ und Nacht 36
am Tage 36
Tagebuch 472
täglich 32
tagsüber 36
Taiga 117
talentiert 363
Tango 457
Tankstelle 529
Tanne(nbaum) 132
Tante 229
Tanz 457
~abend 460
~musik 448
~orchester 452
~schule, ~stunde 460
~sport 568
~veranstaltung 460
tanzen 459
tanzen gehen 460
Tänzer(in) 458
tapfer 334
Tasche 414
Taschengeld 320
-rechner 414
Tasse 287
Tastatur 398
Taste 398
Tätigkeit 410
taub 207
taubstumm 207
tauschen 262, 542
täuschen 171
Taxi 523

Taxifahrer(in) 524
-haltestelle 529
Technik 466
Techniker(in) 188
technische(r) Zeichner(in)
   188
Technisches Zeichnen 407
Technomusik, -szene 448
Tee 280
~kanne, ~kessel 287
~löffel 288
Teenager 224
Teig 285
Teil 477
Teil- 323
teilnehmen 575
Teilnehmer(in) 575
Telefon 521
~automat 521
~buch 521
~gespräch 522
~klingeln 209
~nummer 521
~seelsorge 150
~zelle 521
telefonieren 522
Telegraf(enamt) 520
telegrafisch 520
Telegramm 517
Teller 287
temperamentvoll 337
Temperatur 124
Tennis 561
~spieler(in) 561
Terrarium 130
Terrasse 266
Territorium 110
Test 417
teuer 318
Text 477
~analyse 477
~anhang 477
~verarbeitungsprogramm
   399
Textilindustrie 174
Theater 441
~besuch 464
~karte 465
~kasse 465

unbegabt 363
unbekannt 362
unbescheiden 338
und 78, 79
~ so weiter (usw.) 46
unehrlich 330
unentgeltlich 318
unentschieden 578
unerwartet 44
Unfall 138
ungeachtet 58
ungeeignet 363
ungefähr 53
ungerecht 154
Ungerechtigkeit 154
ungewöhnlich 100
Unglück, Unglücksfall
 345, 138
unglücklich 345
unheimlich 99
unhöflich 338
uninteressant 350
Universität 428
unmodern werden 303
unnormal 101
unnötig 312
unruhig 336
unschön 200
unser 323
unsicher 359
Unsinn 367
siehe unten (s. u.) 90
unter *(räuml.)* 21,
 (inmitten) 6
Unterbrechung 62
Unterführung 527
sich unterhalten 377
Unterhaltungsmusik 448
unterliegen *(im Wett-*
 kampf) 578
Unternehmen 175
Unternehmer(in) 184
Unternehmungsgeist
 332
unternehmungslustig 332
Unterricht 410, 409
das Unterrichten 409
Unterrichtsfach 407
-stunde 410

unterschiedlich 70
unterstützen 352
Unterstützung 352
untersuchen 220
unterwegs 538
unverständlich 372
unverzüglich 43
unvollendeter Aspekt 424
unweit 10
unwichtig 97
unzufrieden 343
Urgroßmutter, -vater 229
Urlaub 540
utopisch 440

V

Valuta 542
Variante 427
Vase 502
Vater, Vati 226
Vaterhaus 263
Vatersname 235
sich verabschieden 515
veraltet *141*
veranstalten 460
Verantwortung 329
Verb 423
Verband *(Vereinigung)* 159
verbieten 255
verbinden 80
Verbindung 80
Verbot *141*
es ist verboten 387
Verbrechen 171
verbringen 239
verdienen 320
verehrt *510*
Vereinigung 159
Verfasser(in) 475
Verfassung 156
vergangen 24, 47
Vergangenheit 24
vergehen 62
vergessen 373
Vergleich 382
vergleichen 382
mit Vergnügen 506

Vergnügungspark 498
sich verhalten 328, 347
Verhältnis 347
verheiratet 257
Verhütungsmittel 253
verkaufen 309
Verkäufer(in) 309
Verkaufsstand 307
Verkehr(swesen) 523
Verkehrsampel 527
verknüpfen 80
verkünden 381
Verlag 395
verlassen 555
sich verlassen 247
sich verlieben 248
verlieren *(etw.)* 324,
 (jmdn.) 238,
 (ein Spiel) 578
Verlierer(in) 578
vermischen 285
vermutlich 382
vernehmen 208
vernichten 171
sich versammeln 504
verschieden 70
verschlossen 337
Verschmutzung 136
verschönen 200
verschreiben
 (eine Medizin) 220
Verse 473
versetzen *(Schule)* 405
Versicherung *186*
sich verspäten 54
Verstand 367
verständlich 372
Verstärker 466
verstehen 372
verstoßen *(gegen Regeln)*
 579
versuchen
 (probieren) 292,
 (sich bemühen) 331
verteidigen 155
Verteidigung 139, 164
vertonen 447
Vertrauen 249
vertrauen 249